아두이노를 활용한 재미있는 코딩 수업

김진우, 이승훈, 김준영, 임일선 지음

光文閣
www.kwangmoonkag.co.kr

머리말

우리 주변에서 조금씩 전파되고 있던 코딩 교육이 4차 산업혁명과 AI 열풍과 맞물려 순식간에 우리 일상 속 깊숙이 들어와서 자리 잡게 되었다.

예들 들자면 이탈리아 말로 친구라는 뜻인 아두이노(Arduino)와 "1"을 뜻하는 우노(Uno)라는 단어를 모르는 사람들이 드물 정도로 아두이노와 코딩 교육은 우리에게 친숙하게 다가왔다.

우리나라 경제를 견인하고 있는 반도체, 디스플레이, 자동차 등의 첨단 자동화 분야에서 실무를 경험하고 지금은 교육 현장에서 후학을 양성하고 있는 저자들 역시 이러한 코딩 열풍에서 자유롭지는 못한 것이 사실이다.

저자들이 교육 현장에서 학생들에게 접목했었던 아두이노를 활용한 코딩 교육에 대한 결과를 살펴 보면 많은 교육학자가 분석한 것과 마찬가지로 여러 가지 긍정적인 효과가 나타나고 있다는 것을 알 수 있다.

대표적인 효과에 대해서 설명하자면

- 아두이노를 이용한 코딩 수업은 학생들의 수업 참여와 집중도를 높일 수 있었다.

- 여러 기기와 연동을 통한 동작 구현으로 직관적인 결과를 확인할 수 있으므로 수업에 대한 호기심과 흥미를 높이는 결과로 나타나게 되었다.
- 문제 발생 시 스스로 생각하고 서로 토의하며 참고할 만한 자료를 찾고 분석과 적용을 하는 능동적이고 창의적인 해결 능력을 갖추게 되었다.

이렇듯 여러 가지 장점이 많은 아두이노와 연결된 코딩 교육이기 때문에 우리 주변에 수많은 관련 정보와 자료들이 넘쳐나고 있지만 때로는 과유불급이라는 생각이 들 정도로 너무 많은 자료로 인해 코딩 공부를 하려는 사람들을 오히려 혼란스럽게 만드는 경우도 있다.

따라서 저자들은 학생들에게 코딩 교육과 전공과목을 연계해서 지도하며 느꼈던 점들과 내용들을 부족하지만 최대한 저서에 담으려고 노력한 결과 기초적인 아두이노 보드의 기능을 이용한 디지털 IN/OUT 활용 실습부터 모바일 기기와 블루투스 통신 실습까지 단계별로 실습 내용을 구성하였으며 필요한 실습 내용과 코딩 예제들을 담고 있다.

본 교재를 통해서 코딩에 입문하는 학생들과 일반인들에게 조금이라도 도움이 되었으면 하는 바람으로 이 책을 내놓으며 광문각출판사의 박정태 회장님을 비롯한 많은 관계자 여러분과 저술 과정에서 여러모로 도움을 준 예담, 예준, 이안, 지인에게 고맙다는 말을 전한다.

2021. 2월 저자들

차례

PART 1 아두이노란

PART 2 기본 문법과 함수 이해

PART 3 디지털 입출력

PART 4 아날로그 입출력

PART 5 FND와 LCD 디스플레이

PART 6 아두이노 Servo Motor

PART 7 아두이노와 블루투스 통신

PART

1

아두이노란

아두이노를 활용한 재미있는 코딩 수업

1 아두이노란

1 아두이노 특징

아두이노 보드 중에서 대표적인 보드인 아두이노 우노(Arduino Uno)는 AVR이라는 마이크로 컨트롤러를 기반으로 한 오픈소스 원 보드 마이컴이다. 과거에는 이런 시스템을 설계하고 동작을 구현하기 위해서는 전기/전자와 관련된 전문적인 기술이나 지식이 필요했다.

하지만 지금부터 소개하는 아두이노 보드의 특징은 그러한 어려움을 극복하고자 기술 숙련도가 낮은 디자이너 혹은 예술가들이 사용할 수 있도록 설계된 것이다.

따라서 비전공자들도 손쉽게 익히고 사용할 수 있다는 큰 장점을 갖고 있다.

그리고 아두이노 보드 중에서 가장 많이 사용되는 아두이노 우노(uno) R3는 ATmega328P라는 AVR 8-bit 마이크로 콘트롤러를 사용하며 PC와 USB로 서로 연결해서 프로그램 업로드 및 시리얼 통신 등에 사용된다.

[그림 1-1] 아두이노 UNO

1) 아두이노 우노 보드 동작

전원은 다음과 같이 두 가지 방법 중 한 가지를 선택하여 사용할 수 있다.

① USB로부터 5V 전원을 공급받아서 동작할 수 있다. 따라서 보드를 컴퓨터와 USB 케이블로 연결하면 가장 기본적인 하드웨어 세팅은 끝난 것이다.

② 외부 전원을 추가로 연결할 수 있는 단자가 있다. 이것으로 7~12V 사이의 외부 전원을 인가하여 사용할 수 있으며 일반적으로 9V가 권장 전압이다. 일반적인 AA 혹은 AAA 사이즈의 1.5V 건전지를 6개를 직렬연결하거나 1.2V 충전지를 사용해도 가능하다. 물론 AC/DC 변환 어댑터도 전압 범위가 맞으면 사용 가능하다.

③ 만약 아두이노 보드가 USB와 외부 전원 소켓에 둘 다 연결되어 있다면 외부 전원 소켓에서 공급되는 전원을 우선적으로 자동으로 사용하게 된다.

④ 디지털 입출력 핀 14개(0번~13번 핀)

디지털(digital) 입출력 핀들을 이용해서 외부의 2진 신호(Binary)를 읽어 들이거나 또는 2진 신호를 내보낼 수 있다. 2진 신호란 on/off와 같이 상태값을 두 개만 가지는 신호라는 의미이다. 이러한 디지털 핀을 이용해서 LED를 ON/OFF 하거나 외부의 스위치가 ON 되어 있는지 OFF 되어 있는지 아닌지 등을 검출할 수 있다. 아두이노에서는 보통 0V와 5V 두 전압 중 하나의 값을 가지며 이것을 프로그램으로 제어할 수 있다.

2) 입출력 핀 기능

아두이노에는 디지털 입출력으로 사용되면서 추가적으로 부가적인 기능을 가지고 있는 핀들이 있다. 부가적인 기능들은 다음과 같다.

① 0번과 1번 핀은 시리얼 통신을 기본적으로 사용할 수 있도록 시리얼 통신 관련 기능이(수신 RX/송신 TX) 포함되어 있다. USB로 PC와 통신을 할 수도 있다. 그리고 2번과 3번 핀은 인터럽트 기능을 갖고 있으며 3, 5, 6, 9, 10, 11번 핀은 기본적으로 디지털 입출력 기능을 가지고 있지만 필요한 경우 PWM 기능을 추가적으로 지정해서 사용할 수 있다. 그리고 아날로그 출력처럼 사용할 수 있다. 아두이노 보드의 핀 번호 옆에 물결무늬가 보이는 부분이 PWM 기능 가능 핀이다.

② 아날로그 입력 핀은 외부의 아날로그 입력값을 읽어 들이는 핀으로서 주로 아날로그 센서(sensor)와 연결하여 사용하며 아날로그 센서는 주로 온도, 습도, 압력 빛 감지 센서 등이 있다.

아날로그(analog) 신호는 디지털 신호와는 달리 연속된 값을 의미한다. 예를 들어서 온도, 빛의 세기 등이 있다. 이러한 물리량을 센서가 전기 신호로 변환하며 이것을 해당 아날로그 입력 핀을 통해서 값을 읽어들일 수 있다. 센서를 통해 읽은 전압값은 0에서 1023 사이의 숫자로 변환된다. 아두이노 보드의 기준 전압은 5V이지만 1.1V의 내부 전압이 사용될 수 있으며 AREF 핀으로 기준 전압을 직접 인가할 수도 있다.

그리고 아날로그 핀은 필요한 경우 디지털 입/출력 핀으로도 사용할 수 있다.

가. 아날로그 출력핀 6개(3, 5, 6, 9, 10, 11번 핀)

디지털 출력 핀이 0V/5V 두 가지 값만을 가질수 있는데 비해서 아날로그 출력핀은 0V~5V 사이의 전압값(256단계)을 가질 수 있다. 다시 말해서 PWM방식으로 동작하므로 순수 아날로그 방식은 아니라는 것이다.

나. 인터럽트(2, 3번 핀)

2번 핀과 3번 핀은 인터럽트(interrupt) 기능을 가지고 있다. 인터럽트 처리(interrupt handling)라는 것은 이벤트를 처리하는 데 사용되는 기능으로서 특정한 신호가 발생했을 때 정해진 동작을 수행하여야 하는 경우 사용되는 방식이다. 예를 들어서 버튼이 ON 된 시점에서 (또는 OFF 된 시점에서) 어떤 일을 수행해야 하는 경우이다.

3) 그 외의 기능들

아두이노 우노 보드는 5V뿐만 아니라 3.3V의 전압도 공급할 수 있다. 3.3V는 블루투스 모듈의 전원 공급이나 저 전압 모듈 등을 사용할 때 사용한다. 이는 USB만 연결한 경우도 마찬가지이다. AREF 핀은 아날로그 핀의 기준 전압을 설정하는 용도로 사용된다. 다른 기기와의 통신 기능은 다음과 같다.

(1) 시리얼 통신(0번, 1번 핀)

통신 표준 중에 하나이며 PC와 음향 커플러, 모뎀 등을 접속하는 직렬 방식의 인터페이스 중의 하나이다. 인터페이스는 포트라고도 하며 일반적으로 직렬 포트라고 불리운다. 통신과 컴퓨터 과학 분야에서 시리얼 버스(Serial Bus)와 같은 직렬 통신은 연속적으로 통신 채널이나 컴퓨터 버스를 통해서 한 번에

1비트 단위로 데이터를 전송하는 과정을 말한다.

(2) SPI 통신(ICSP 헤더 핀)

완전한 전 이중통신이며, 전송되는 비트에 대해서 최대 16비트까지 통신 길이를 변화시킬 수 있다. 통신용 트랜시버가 필요 없으며 통신 속도에 어느 정도 제한이 없다. 단점으로는 하드웨어 슬레이브 인식이 없다.

(3) I2C 통신(A0, A1 혹은 D12, D13 핀)

TWI 통신이라고도 하며 1개의 클럭(SCL)과 1개의 데이터(SDA) 신호선으로 구성된 2개의 BUS 선으로 128개의 각각 서로 다른 디바이스들을 제어할 수 있다.

[그림 1-2] I2C 통신 LCD

시리얼 통신 방식과 비교해서 사용 빈도가 낮기는 하지만 기기 간 1 대 1 통신이나 1 대 N(다수) 통신을 하는 경우 SPI, TWI 통신이 널리 사용된다.

2 디지털 입출력

디지털 입출력 포트(digital I/O port, 혹은 그냥 포트)는 디지털 신호를 출력하거나 입력받을 수 있는 통로(물리적으로는 PIN)를 말한다. 디지털 신호는 0과 1(HIGH , LOW 혹은 ON/OFF) 두 가지 상태만을 표현하므로 포트를 통해서 0 또는 1신호를 내보내거나 입력받을 수 있다. 아두이노 우노에는 모두 13개의 디지털 핀이 있으며 이러한 핀들의 기능은 디지털 입출력 포트에 해당된다.

이제부터는 약간의 전기에 대한 개념 이해와 간단한 회로 지식이 필요하다. 이유는 아두이를 이용해서 코딩을 할 경우 외부 기기나 저항, LED, Tr등의 부품들과 회로 간의 연결을 해야 하기 때문이다.

1) 전압과 전류

먼저 전압(voltage)과 전류(current)의 개념을 설명하면 다음과 같다.

주변에서 흔히 구할 수 있는 AA나 AAA 사이즈 건전지 하나의 '전압'은 보통 1.5V(V는 Volt 볼트, 전압의 단위)이다. 이 의미는 음극과 양극의 '전위차'가 1.5V라는 의미이며 일단 '전압은 전류를 흘려보낼 수 있는 힘' 정도로만 이해하면 된다.

이러한 전위차가 있는 두 부분을 도선으로 연결하면 전자가 도선을 따라서 흐르게 되는데 이러한 전자의 흐름을 전류라고 한다.

전자는 음극에서 양극으로 흐른다. 전압(또는 전위차)이 높을수록 전자가 더 많이 흐르고 따라서 전류도 많이 흐를수 있으므로 전류값도 높아진다. 전자의 흐름인 전류의 단위는 암페어(Ampere, A로 표시함)를 사용하여 표시한다.

(1) 전류(단위는 암페어, A)

양전하의 흐름

(2) 전압(단위는 볼트, V)

전류를 흘리는 힘

전류가 도선을 따라 흐르게 되는데 전지의 전압을 v, 저항을 R이라고 하면 전류의 크기는 VR로 계산된다. 이것을 오옴의 법칙이라고 한다. 저항의 단위는 오옴(ohm)이다. '저항은 전류의 흐름을 제한하는 역할을 하는 소자' 이다.

(3) 저항(단위는 오옴 Ω)

전류의 흐름을 제한하는 역할을 하는 소자

오옴의 법칙 : V =IR :

디지털 시스템의 디지털 신호는 '전압' 으로 표현된다.

아두이노 보드에서 신호 0(LOW)은 0V(GND, 그라운드 혹은 접지라고 읽는다)가 사용되고 신호 1은 주로 5V, 3.3V 혹은 1.8V이다. 다시 말해서 아두이노의 경우 동작 전압이 대부분 5V이므로 신호 1(HIGH)은 전압으로 5V가 되는 것이다.

2) 디지털 포트 출력

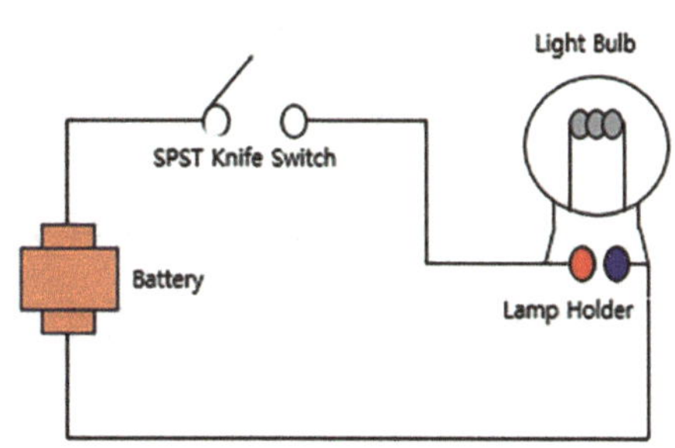

[그림 1-3] 스위치 회로

디지털 포트를 출력으로 지정해서 사용하는 경우는 스위치를 생각하면 간단히 이해할 수 있다. 건전지와 연결된 꼬마 전구 사이에 ON/OFF 기능의 스위치가 있는 간단한 실험 장치를 생각해 보면 된다. 스위치를 ON 시키면 꼬마전구에 전압이 걸려서 꼬마전구가 켜질 것이고 스위치를 OFF 시키면 전구가 꺼지게 된다.

디지털 포트는 이와 같이 핀에 연결된 외부 회로에 전압을 인가하거나(1, HIGH 신호) 인가하지 않을(0, LOW 신호) 수 있는 스위치의 역할을 하게 된다.

아두이노의 경우 이러한 스위치 역할의 디지털 포트를 아두이노 프로그램을 통해서 ON/OFF 시킬 수 있다.

3) 디지털 포트 입력

입력의 경우에는 출력과 반대로 이 물리적인 핀과 연결된 부분의 전압이 0V(LOW) 혹은 5V(HIGH)를 읽어 들이는 기능을 한다.

디지털 입력 실험을 할 때 가장 많이 접하는 스위치 부품인 Tact 스위치로 설명하자면 Tact 스위치의 ON/OFF 상태에 따라서 디지털 포트의 입력 기능으로 판별할 수 있다.

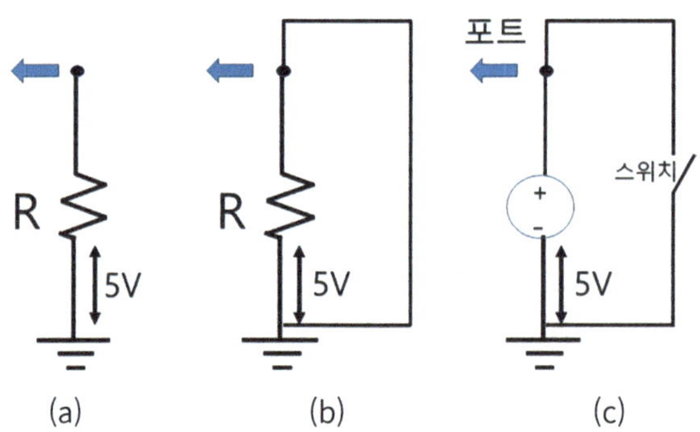

[그림 1-4] 디지털 포트 입력

위 그림 (a)에서 화살표 표시된 곳의 전압은 5V이다. 저항 쪽이 개방(OPEN)되어 전류가 흐르지 못하므로 저항 양단에는 전위차가 발생할 수가 없다. 그런데 그림 (b)를 자세히 살펴보면 화살표의 표시 부분의 전압이 0V가 되는 이유는 해당 위치가 GND와 직렬로 연결되어 있기 때문이다. 다음으로 그림 (c)를 보면 스위치가 OFF일 때는 그림 (a)의 상태와 같아지고 만약 스위치를 ON 시키면 그림 (b)의 상태와 같아진다는 것을 알 수 있다. [그림 1-4]의 회로에서 따라서 스위치를 눌렀을 때(ON)와 안 눌렀을 때(OFF)의 전압값이 달라지므로 디지털 포트에서는 이러한 전압값들을 읽어 들인 후 스위치의 ON/OFF 상태를 검출할 수 있게 되는 것이다.

그리고 바로 여기에서 사용된 저항 R을 '풀업(pull-up) 저항'이라고 한다. 다시 설명해서 '풀업(pull-up) 저항'이라는 말은 회로상에서 저항의 역할을 말하는 것이다.

그리고 풀업과 같은 역할이지만 저항의 위치가 다른 '풀다운(pull-Down) 저항'도 있다. 모두 일반적인 저항을 회로의 GND 혹은 VCC에 연결하여 신호의 ON/OFF를 명확히 하는 경우 사용된다.

3 프로그램 인스톨

이제부터 아두이노 보드에서 실행될 프로그램 소스 코드(스케치)를 작성하고 아두이노 보드에 전송할 수 있는 '아두이노 통합 개발 환경 프로그램 IDE'을 설치하는 방법에 대해서 설명한다.

1) 아두이노 통합 개발 환경 프로그램 다운로드 및 설치

① 아두이노 공식 홈페이지인 arduino.cc에 접속한다. 홈페이지 상단에 다음과 같은 메뉴가 보이다.

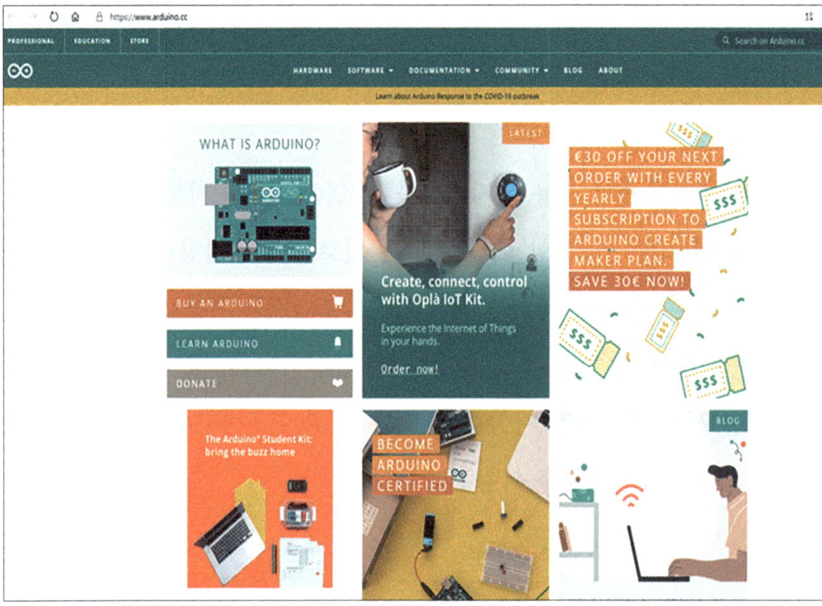

[그림 1-5] 아두이노 홈페이지

② 메뉴에서 보이는 다운로드(Download) 메뉴를 클릭한다. 페이지의 디자인은 자주 변경되기 때문에 지금 홈페이지의 이미지를 보여 드리는 것은 큰 의미가 없을 것 같다.

위 그림에서 보인 메뉴 중에서 다운로드 메뉴를 클릭하면 새로운 페이지가 열린다. 새로 열린 페이지에서 다음과 같은 화면이 나타난다.

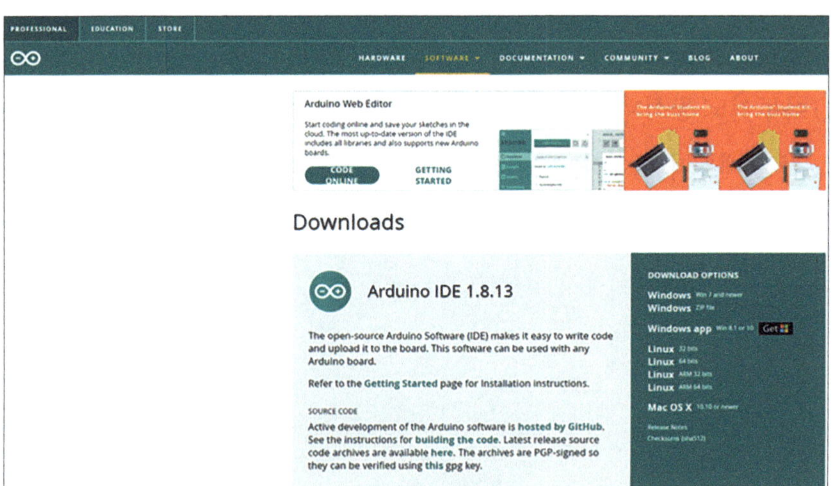

[그림 1-6] 프로그램 종류 선택

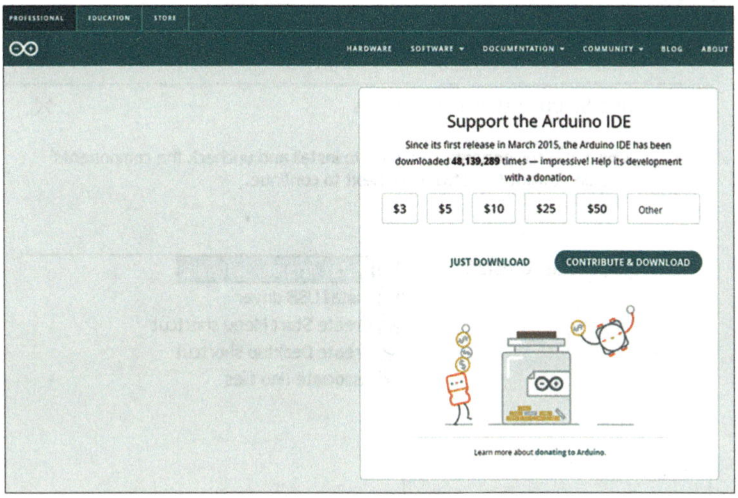

[그림 1-7] 프로그램 다운로드

Arduino 1.8.XX라는 문구를 찾아 클릭하게 되면 아래 이미지와 같은 혹은 유사한 창이 나타난다. 여기서 다운로드 우측에 Winodws라는 링크되어 있는 곳이 보인다.

사용하는 컴퓨터 운영체제가 Windows이면 'Windows'을 클릭하면 된다. 혹시 Mac을 사용하면 위에서 'Mac OS X'를 클릭하면 된다.

③ 이제 컴퓨터 아두이노 통합개발 환경 설치 파일인 'arduino-1.8.x-windows.exe' 파일을 다운로드한다. 다운로드가 완료되면 다운받은 'arduino-1.8.x-windows.exe' 파일을 실행시킨다.

④ 인스톨을 시작하면 아래와 같이 동의 여부를 묻는다. 이때 동의(I Agree)를 클릭한다.

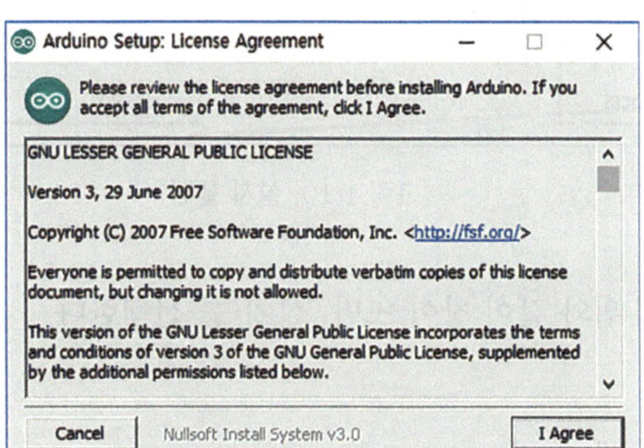

[그림 1-8] 설치 동의

⑤ 다음(Next)를 클릭한다.

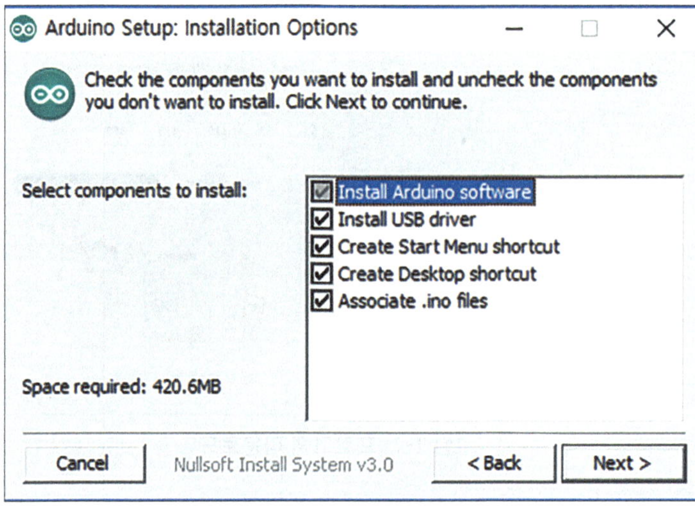

[그림 1-9] 설치 옵션

⑥ 설치(Install)을 클릭한다. 설치가 되는 동안 잠시 기다리면 된다.

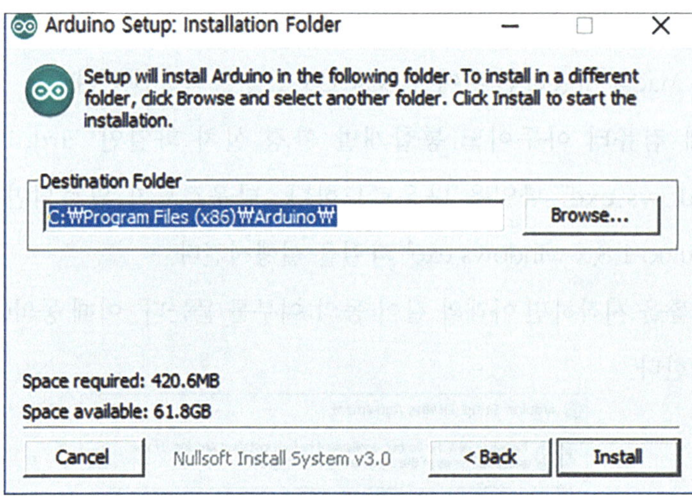

[그림 1-10] 설치 폴더

⑦ 설치 도중에 위와 같이 창이 뜨면 "설치"를 선택한다.

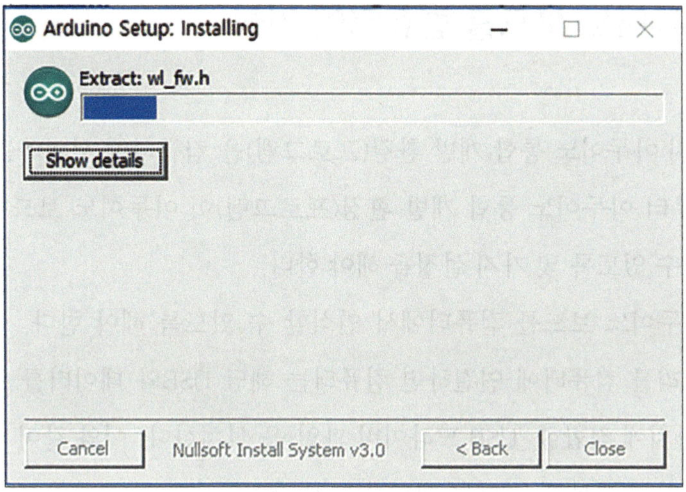

[그림 1-11] 설치 중 화면

⑧ 화면과 같이 설치 완료(Completed)라는 글이 보이면 닫기(Close) 버튼을 클릭한다.

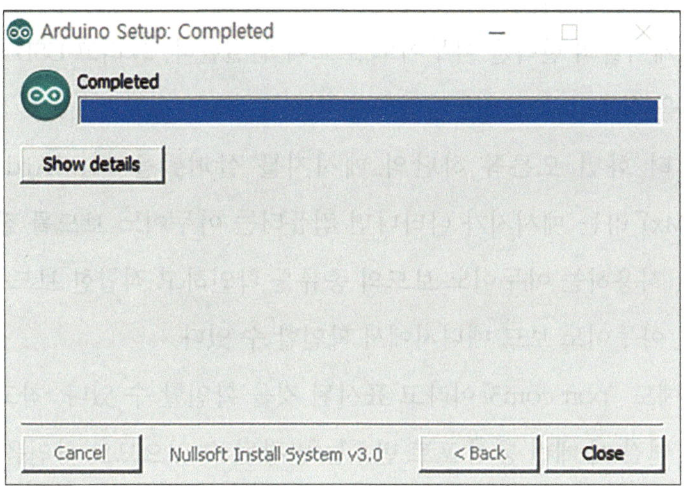

[그림 1-12] 설치 완료

4 아두이노 보드를 컴퓨터에 인식

지금까지 아두이노 통합 개발 환경(프로그램)을 컴퓨터에 설치하는 작업을 했다. 이제부터 아두이노 통합 개발 환경(프로그램)이 아두이노 보드에 스케치를 업로드할 수 있도록 몇 가지 설정을 해야 한다.

먼저 아두이노 보드를 컴퓨터에서 인식할 수 있도록 해야 한다. 예를 들자면 USB 메모리를 컴퓨터에 연결하면 컴퓨터는 해당 USB와 데이터를 주고받기 위해 해당 장치에 적합한 'USB 드라이버 파일'을 설치한다. 이와 같이 아두이노 보드도 컴퓨터 측에서 봤을 때는 새로운 USB 장치임으로 장치 드라이버 파일을 자동 또는 수동으로 설정해서 인식을 할 수 있도록 해줘야 한다.

1) 아두이노 보드 연결

① USB 케이블의 한쪽을 아두이노 보드에 연결한다. 그리고 USB 케이블의 반대편을 컴퓨터의 USB에 연결한다.

② 모니터 화면 오른쪽 하단의 메시지를 살펴봤을 때, "Arduino UNO (COMx)"라는 메시지가 나타나면 컴퓨터는 아두이노 보드를 잘 인식한 것이다. 사용하는 아두이노 보드의 종류를 확인하고 적합한 보드를 선택해야 한다. 아두이노 보드 매니저에서 확인할 수 있다.

③ 화면에도 "port com3"이라고 표시된 것을 확인할 수 있다. 참고로 통신 케이블 연결 시 매번 통신 포트 번호는 변경될 수 있으므로 확인을 해야 한다.

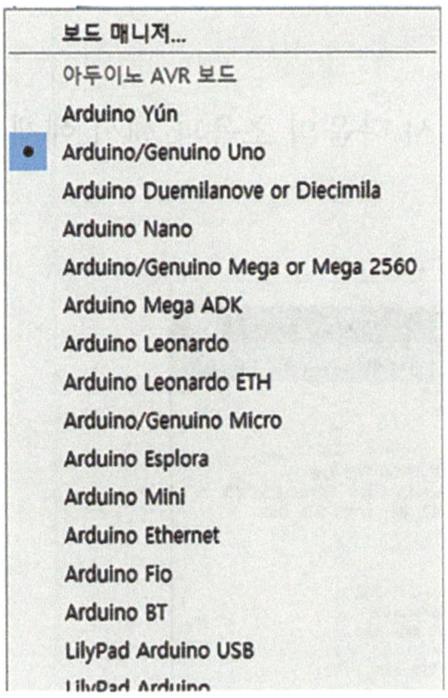

[그림 1-13] 보드 매니저

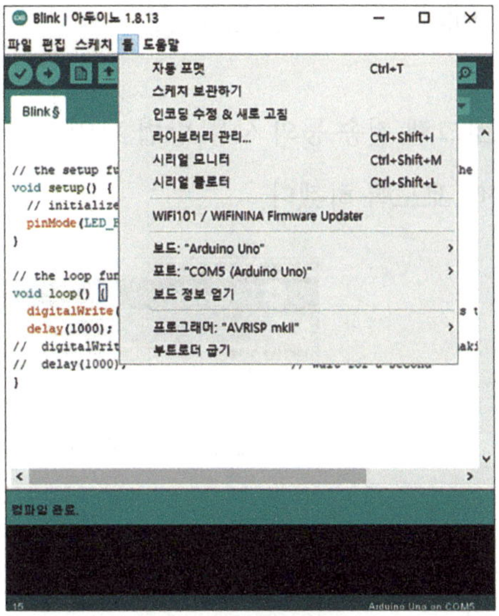

[그림 1-14] 툴 메뉴

2) 메뉴 아이콘

① 파일 메뉴 바로 아래의 체크 아이콘은 작성한 프로그램(스케치)의 컴파일을 실행하는 기능의 아이콘이다. 문법상의 오류 등을 찾아낸다.

② 편집 메뉴 하단의 우측 방향 화살표 아이콘의 기능은 작성된 프로그램을 아두이노 보드로 업로드하는 기능이다.

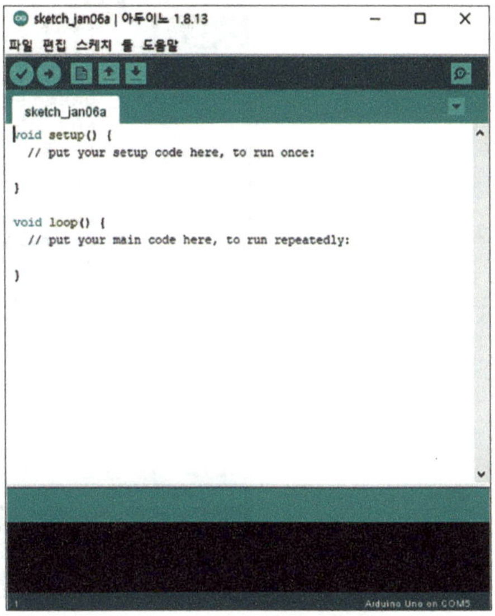

[그림 1-15] 체크 아이콘과 업로드 아이콘

3) 예제 파일 테스트 전송

프로그램 전송 등의 사용 방법 확인을 위해서 다음의 초음파 센서 예제 파일을 전송해 보도록 하겠다.

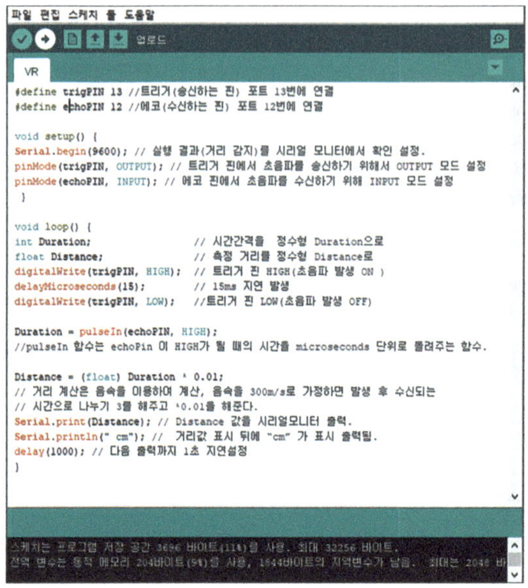

[그림 1-16] 예제 프로그램

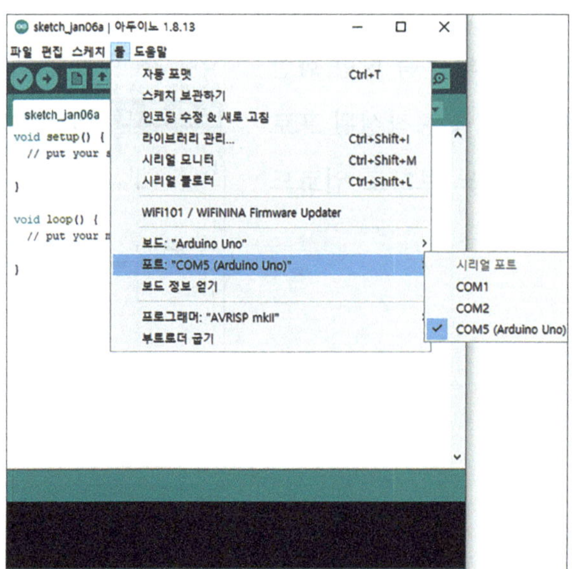

[그림 1-17] 포트 선정

① 업로드를 위해서 툴 메뉴의 포트 선택을 확인한다. 아두이노 우노와 연결된 포트를 확인하고 선택한다.

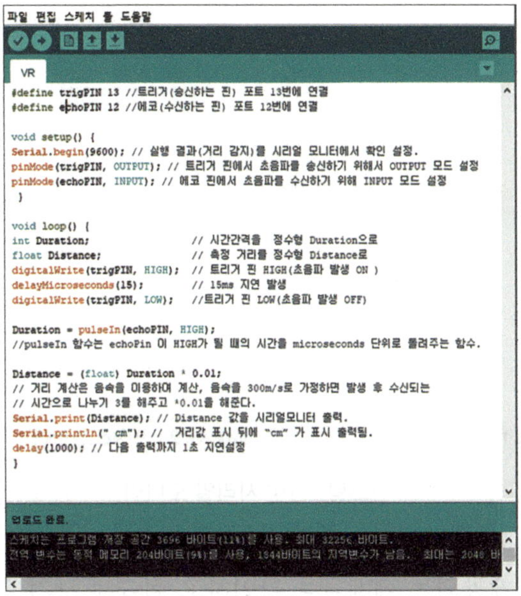

[그림 1-18] 업로드 완료 화면

② 프로그램 업로드가 정상적으로 끝나게 되면 화면처럼 좌측 아래 창에 업로드 완료 표시가 나타난다. 비정상적으로 종료가 될 때는 화면 하단에 오류 메시지가 나타난다.

③ 화면 우측 상단의 시리얼 모니터 아이콘은 각종 입력 신호들 예를 들어서 스위치와 센서들의 데이터나 통신 데이터 등을 모니터링할 수 있는 모니터링 아이콘이다.

물론 프로그램에서 시리얼 모니터를 할 수 있도록 코딩을 해줘야만 기능을 수행할 수 있다.

④ 방금 전송한 제 프로그램의 초음파 센서 측정 값을 모니터링해 주고 있는 시리얼 모니터 화면이다. 사용할 경우 우측 아래 통신 속도 등을 설정해 줘야 한다.

[그림 1-19] 시리얼 모니터

⑤ 기본적으로 제공되는 예제들을 확인하고 실습해 보기 위해서는 다음 화면 처럼 파일 → 예제를 선택하고 열어보면 보다 손쉽게 예제들을 확인할 수 있다.

아두이노는 오픈 소스이기 때문에 사용할 수 있는 많은 예제를 제공하고 있다. 파일 메뉴의 예제를 클릭해서 들어가면 화면에 보이는 것처럼 01. Basic 부터 여러 종류의 예제들을 확인하고 참고할 수 있다.

만약 01. Basic 예제의 Blink를 선택해서 예제 프로그램을 확인해 본다면 화면에 보이는 것처럼 Blink 예제를 확인하고 참고할 수 있다. 예제의 상단에 있는 텍스트는 아두이노 보드에 장착된 LED가 1초 동안 ON 되고 1초 동안 OFF 된다는 내용 동작 설명 등이며 하단의 프로그램은 설명한 Blink 예제의 동작을 구현하기 위한 프로그램이다. 따라서 기초 지식이 부족한 경우도 예제를 참고해서 동작을 구현할 수 있다.

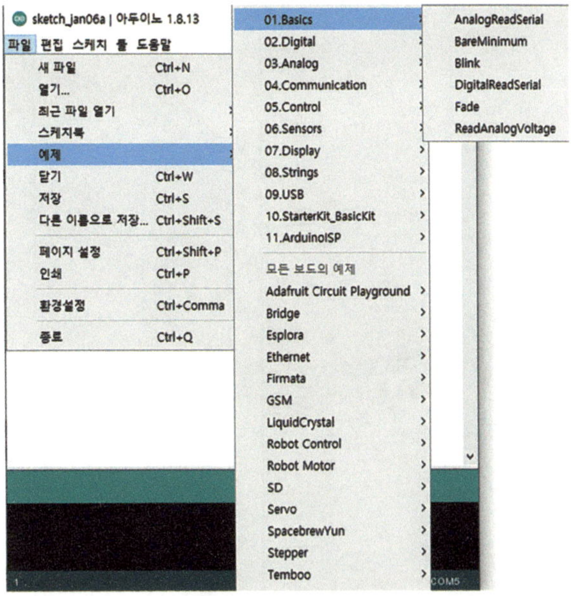

[그림 1-20] 예제 종류

[그림 1-21] 샘플 예제 프로그램

PART

2

기본 문법과 함수 이해

2 기본 문법과 함수 이해

1 기본 문법과 함수 이해하기

아두이노를 시작할 때 기본적인 C언어에 대하여 지식을 갖추는 것이 가장 바람직하다. 하지만 아두이노의 기본적인 예제들을 코딩하면서 서서히 공부해 나가는 방법도 가능한 방법 중에 하나이다. 이번에는 예제 중에서 선택을 해서 기본적인 문법과 함수에 대해서 설명을 하겠다.

1) 예제

일단 아두이노 IDE를 열고 스케치 프로그램을 연 후 파일 → 예제 → 02. Digital → Button을 클릭한다.

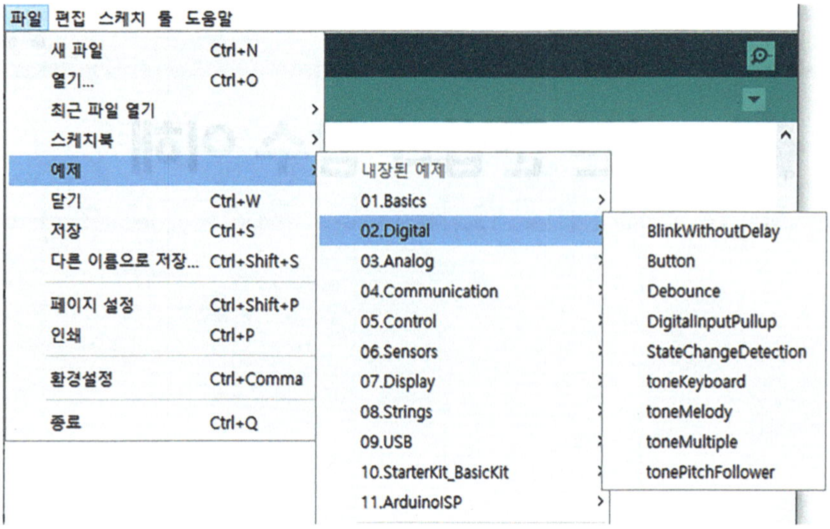

[그림 2-1] 예제 프로그램

선택한 예제 코드 파일이 열린다. 프로그램 중에서 옅은 회색으로 표시된 부분은 주석(부가 설명) 부분이다. 주석 부분은 작성한 프로그램의 각각의 코드가 무슨 내용인지를 설명해 주는 기능이라고 할 수 있다. 다시 말해서 실제로 동작하는 프로그램 코드가 아니라는 것이다.

그리고 주석 부분을 작성할 경우 만약 여러 줄이라면 /* 와 */ 사이에 작성을 할 수 있다. 만약 한 줄로 표시가 가능한 경우에는 // 다음에 작성하면 된다.

아래는 아두이노 IDE에서 불러온 예제 프로그램이다. 이제부터 예제 프로그램을 참조해서 설명을 한다.

```
/* constants won't change. They're used here to set pin numbers: */
const int buttonPin = 2;          // 푸시 버튼 핀 번호 2 설정
const int ledPin =  13;           //  LED 핀 번호 13 설정

// variables will change:
int buttonState = 0;              // 푸시 버튼의 상태를 읽어오기 위한 변수

void setup() {
                                  // 출력 기능의 LED 초기화
  pinMode(ledPin, OUTPUT);
                                  // 입력 기능의 푸시 버튼 초기화
  pinMode(buttonPin, INPUT);
}

 /*  loop()는  반복 실행 */
void loop() {                     // 푸시 버튼의 상태값 읽어오기
  buttonState = digitalRead(buttonPin);
   // 푸시 버튼이 눌려져 있는지 체크하고 맞다면 푸시 버튼 상태를 HIGH로:
  if (buttonState == HIGH) {   // LED를 on:
     digitalWrite(ledPin, HIGH);
  } else {                        // 만약 그렇지 않으면 LED를  off:
     digitalWrite(ledPin, LOW);
  }
}
```

2) 변수

(1) buttonPin, ledPin

예제를 바탕으로 아두이노 예제 프로그램의 해설을 하도록 하겠다.
주석 부분을 제외하고 예제 프로그램의 가장 위에 있는 코드이다.

```
const int buttonPin = 2;        // 푸시 버튼 핀 번호 2 설정
const int ledPin =  13;         //  LED 핀 번호 13 설정
```

const는 constant의 약자로 상수라는 뜻이다. 따라서 뒤에 따라나오는 buttonPin이라는 값은 바뀌지 않는 상수라는 뜻이다.

int는 정수라는 뜻이다. 따라서 buttonPin의 값은 소수나 분수가 아닌 정수라는 뜻을 의미한다.

buttonPin은 변수(변할 수 있는 값) 이름이다. 물론 변수 이름은 여러분들을 포함해서 모든 프로그램하는 사람들 마음대로 정할 수 있지만, 다른 사람이 해당 프로그램을 봤을 때 즉시 의미가 통할 수 있는 이름을 사용하는 것이 좋다.

buttonPin이라는 이름의 변수는 보통 버튼을 연결하는 핀 번호를 나타낼 때 가장 많이 사용된다. 참고로 변수를 정의할 때는 자료형 변수 이름 = 초깃값과 같은 형태로 사용한다.

예를 들자면 int ledState = 0의 의미는 ledState라는 이름의 변수는 정수 형태이고 할당(설정)값은 0으로 정한다는 의미가 된다.

"=" 은 우변의 값을 좌변에 할당하라는 뜻이다. 즉 const int buttonPin = 2의 의미는 2를 buttonPin이라는 변수의 값으로 할당하라는 뜻이 된다.

따라서 const int buttonPin = 2는 buttonPin이라는 이름의 변수를 만드는데, 이 변수는 정수형 변수이고, 값은 2로 정하며, 바뀌지 않는다(상수)는 뜻이다.

```
const(상수) int(정수) buttonPin(변수) = 2(할당하려는 값);
```

"；" 표시는 정의하는 부분이 다시 말해서 코딩하는 부분이 끝났다는 의미로 붙여준다. 코딩 후 "；" 표시를 붙여 주지 않으면 프로그램 오류가 발생할 수 있다.

같은 방법으로 const int ledPin = 13은 ledPin이라는 이름의 변수를 만드는데, 이 변수는 정수형 변수이고, 값은 13으로 할당하며, 바뀌지 않는다는 뜻이다. (아두이노 예제에서는 보통 ledPin이라는 이름의 변수는 사용하는 led를 연결하는 핀 번호를 나타낼 때 사용된다.)

```
const(상수) int(정수) ledPin(변수) = 13(할당하려는 값);
```

(2) buttonState

buttonState 변수 정의에 대해서 설명하겠다.

```
nt buttonState = 0;
```

앞에 있는 buttonState는 정수형 변수이다. 그리고 할당값은 0으로 정한다는 의미이다. 아두이노 프로그램에서 보통 buttonState이라는 이름의 변수는 사용하는 버튼의 상태를 나타낼 때 사용된다. 그리고 버튼의 상태는 눌렀을 때(HIGH, ON)/누르지 않았을 때(LOW, OFF)가 있다.

일반적으로 버튼을 눌렀을 때는 HIGH = 1(ON)이고, 누르지 않았을 때는 LOW = 0(OFF)이다. 여기서 HIGH는 전압이 높은 상태를 말한다. 즉 5v인 상태를 말하고, LOW는 전압이 낮은 상태, 즉 0인 상태를 말하는 것이다. 디지털 신호는 모든 신호들을 0 또는 1로 표시해야 하므로 HIGH를 1(ON)로, LOW를 0(OFF)으로 표시한다. 따라서 buttonState라는 변수는 HIGH 혹은 LOW인 0 또는 1의 값을 가지게 된다.

(3) setup

```
void setup() {                    //  스케치 시작 시  단 1회 실행
                                  // 출력 기능의 LED 초기화
  pinMode(ledPin, OUTPUT);
                                  // 입력 기능의 푸시 버튼 초기화
  pinMode(buttonPin, INPUT);
}
```

위의 프로그램 예제 void setup() 부분에는 pinMode라는 함수를 포함하고 있는 setup이라는 함수가 있다.

먼저 setup 함수에 대해서 설명하겠다. setup 함수는 아두이노가 프로그램 동작을 하기 전에 준비해야 할 함수들을 넣어 두는 함수이다. 즉 지금의 예제에서는 미리 준비할 함수에 대한 내용이 pinMode 두 가지(ledPin과 buttonPin)라는 이야기이다.

일반적으로 함수의 표현 방식은 함수 이름(필요한 값)과 같이 사용한다. 다시 말해서 pinMode(ledPin, OUTPUT)는 pinMode라는 함수에 필요한 값은 ledPin, OUTPUT의 두 개라는 이야기이다.

그리고 setup 함수 뒤에는 빈 괄호( )만 있다. 설명하자면 setup 함수는 필요한 값이 없다는 이야기이다. 프로그램을 준비시키는 함수이므로, 어떤 값을 별도로 받을 필요가 없다는 말이 된다.

또한, 반환할 필요도 내용도 없다. 따라서 setup 함수 앞에 void라는 단어를 사용해서 값을 돌려줄 필요가 없다는 것을 나타내고 있다.

3) 함수

함수란 컴퓨터 등의 기기들에게 어떠한 일을 시키는 명령어이다. 수학에서는 함수를 수식으로 표현하고 있지만, 프로그래밍에서는 하는 일로 표현하고 있다.

예를 들어 setup 함수는 말 그대로 set up(준비)을 하는 기능을 가지고 있는 함수이다. 이제부터 우리가 사용하는 함수의 거의 대부분은 아두이노에서 기본적으로 포함하고 있는 함수들이다. 그러므로 이제부터 우리는 아두이노에서 어떤 함수를 사용하고자 할 때 해당 함수에 필요한 값들이 얼마인지 설정해 주기만 하면 문제없이 사용할 수 있다.

(1) pinMode

이번에는 pinMode라는 함수에 대해서 설명하겠다. pinMode 함수는 핀 번호를 받아서 그 핀을 입력으로 사용할 것인지 출력으로 사용할 것인지 정하는 함수이다. 따라서 핀 번호 값과 입출력 값이 각각 하나씩 필요하다. 따라서 pinMode(ledPin, OUTPUT)의 내용은 아두이노에게 ledPin에 OUTPUT 기능을 하라는 의미이다.

다시 말해서 ledPin에게 출력 기능을 하라는 말이다. 프로그램 시작 부분에 const int ledPin=13 부분이 있다. 즉 ledPin은 앞에서 13번으로 사용한다고 정의했다. 결론은 13번에 연결된 장치에 출력 신호를 내보내라는 의미가 된다.

pinMode(buttonPin, INPUT)은 아두이노에게 buttonPin에서 INPUT 기능을 하라는 의미이다. 즉 buttonPin으로 들어오는 신호를 입력 신호로 처리하라는 얘기이다.

그리고 프로그램 시작 부분에서 const int buttonPin=2라고 설정한 내용이 있다. 설명하자면 2번 핀으로 들어오는 신호를 입력 신호로 처리하라는 의미이다.

(2) loop

```
/* loop()는 반복 실행 */

  void loop()
```

예제 프로그램의 아랫부분을 보면 loop라는 함수가 보인다.

loop 함수는 프로그램 영역의 무한 반복 역할을 수행한다. 앞에 설명한 setup 함수처럼 값을 반환할 필요가 없으므로 앞에 void가 붙어 있다. 그리고 필요한 값 역시 없으므로 괄호( ) 안이 비어 있다. 중괄호 "{" 로 시작하여 "}" 로 끝나는 프로그램 영역 안에는 여러 가지 종류의 함수들이 들어 있다.

(3) digitalRead

digitalRead 함수는 buttonPin이라는 입력값을 받는 함수이다.

buttonState = digitalRead(buttonPin)의 의미는 buttonState값을 digitalRead (buttonPin)으로 결정하라는 의미이다. 한 가지 주의할 점은 프로그래밍에서의 등호(=)는 우변의 값을 좌변에 대입하라는 의미이다.

예제 프로그램의 3번째 줄을 보면 int buttonState = 0이 있다. ButtonState 변수를 0으로 정했다는 것을 알수 있다. 그러나 이제 loop 함수 안에서(무한 반복) 값을 변경하라는 의미가 된다.

buttonPin의 값은 앞에서 const int buttonPin = 2와 같이 2로 정했었다. 즉 2번 핀의 입력 신호를 디지털 신호로 읽어 오라는 것이다.

결국 digitalRead라는 함수는 디지털 신호인 0 또는 1의 값을 buttonPin으로부터 읽어 온다. 그리고 읽어 온 값을 buttonState라는 변수에 저장하게 된다.

digitalWrite 함수의 기능은: 디지털 핀에 신호(HIGH 혹은 LOW)를 보내기이며, 필요한 값: 핀 번호, HIGH 또는 LOW 형태로 사용한다.

digitalRead 함수의 기능은 디지털 핀에서 신호를 받기(HIGH 혹은 LOW)이며, 필요한 값: 핀 번호 형태로 사용한다.

2) 조건문

(1) if ~ else

if~ else는 예를 들어서 If A, B else C와 같은 구조로 되어 있다. 설명하자면 If A, B else C의 의미는 만약 A를 만족(맞다면)하면 B를 실행하고, 만약 아니면 C를 실행하라는 의미이다.

loop() 함수 하단의 프로그램 중에 다음과 같은 if ~ else 부분이 있다.

```
if (buttonState == HIGH) {
     // LED를 on
     digitalWrite(ledPin, HIGH);
  } else {
     // 만약 그렇지 않으면 LED를  off
  digitalWrite(ledPin, LOW);
  }
```

프로그램을 예를 들어 설명한다면

만약 buttonState == HIGH이면 digitalWrite(ledPin,HIGH);를 하고, 아니면 digitalWrite(ledPin, LOW);를 하라는 의미가 된다. 참고로 프로그램에서 "==" 표시는 같다는 의미이다.

(2) switch...case

if 문과 마찬가지로 switch …case는 프로그래머가 다양한 조건에서 실행되어야 하는 다른 코드를 지정할 수 있도록 하여 프로그램의 흐름을 제어할 수 있다. 특히 switch 문은 변수의 값을 case 문에 지정된 값과 비교한다. 값이 변수의 값과 일치하는 case 문이 발견되면 해당 case 문의 코드가 실행된다.

break 키워드는 switch 문을 종료하며 일반적으로 각 사례의 끝에 사용된다.

break 문이 없으면 switch 문은 중단 또는 switch 문 끝에 도달할 때까지 다음 식("falling-through")을 계속 실행한다.

```
switch (var) {
   case label1:
        // statements
        break;
   case label2:
        // statements
        break;
   default:
        // statements
        break;
}
```

(3) while

While 루프는 괄호 안의 표현식 ()이 거짓이 될 때까지 계속 반복된다. 테스트 된 변수를 변경해야 한다. 그렇지 않으면 while 루프가 종료되지 않는다. 이는 증분 변수와 같은 코드 또는 센서 테스트와 같은 외부 조건일 수 있다.

```
var = 0;
while (var < 100) {
                                    // 100 번 명령 반복
   var++;
}
```

3) 기타

(1) #define

#define은 프로그램을 컴파일하기 전에 상숫값에 이름을 지정할 수 있도록 하는 유용한 C ++ 구성 요소이다. Arduino에서 정의된 상수는 칩의 프로그램 메모리 공간을 차지하지 않는다. 컴파일러는 이러한 상수에 대한 참조를 컴파일 타임에 정의된 값으로 대체한다.

예를 들어 #defined 상수 이름이 다른 상수 또는 변수 이름에 포함된 경우 이로 인해 원치 않는 부작용이 발생할 수 있다. 이 경우 텍스트는 #defined 숫자(또는 텍스트)로 대체된다.

일반적으로 상수 정의에는 상수 키워드가 선호되며 #define 대신 사용되어야 한다.

(2) #include

#include는 스케치에 외부 라이브러리를 포함하는 데 사용된다. 이를 통해 프로그래머는 대규모 표준 C 라이브러리 그룹(미리 만들어진 함수 그룹)과 특히 Arduino용으로 작성된 라이브러리에 액세스할 수 있다.

#define과 유사한 #include에는 세미콜론 종결자가 없으며 추가할 경우 컴파일러에서 알 수 없는 오류 메시지가 표시된다.

```
#include <LibraryFile.h>
#include " LocalFile.h "
```

LibraryFile.h: 꺾쇠괄호 구문을 사용하면 라이브러리 경로에서 파일을 검색한다.

LocalFile.h: 큰따옴표 구문을 사용하면 #include 지시어를 사용하는 파일의 폴더에서 지정된 파일을 검색한 다음 로컬 경로에서 찾을 수 없는 경우 라이브러리 경로를 검색한다. 스케치 폴더의 헤더 파일에 해당 구문을 사용한다.

4) 주석

(1) //

프로그램 연산 방식에 대해 자신이나 다른 사람에게 알리는 데 사용되는 프로그램의 행이다. 컴파일러에서 무시하고 프로세서로 내보내지 않으므로 마이크로 컨트롤러의 플래시 메모리에서 공간을 차지하지 않는다.

댓글의 유일한 목적은 프로그램의 작동 방식을 이해(또는 기억)하도록 돕거나 다른 사람에게 알리는 것이다. 한 줄 주석은 //(두 개의 인접한 슬래시)로 시작한다. 이러한 주석은 줄 끝에서 자동으로 끝난다. 줄 끝까지 // 뒤에 오는 것은 컴파일러에서 무시된다.

```
int sensorValue = 0;            // A0 에서 아날로그값 읽기
```

(2) /*   ~~~~~   */

프로그램 작동 방식에 대해 자신이나 다른 사람에게 알리는 데 사용되는 프로그램의 행이다. 컴파일러에서 무시하고 프로세서로 내보내지 않으므로 마이크로 컨트롤러의 플래시 메모리에서 공간을 차지하지 않는다.

댓글의 유일한 목적은 프로그램의 작동 방식을 이해(또는 기억)하도록 돕거나 다른 사람에게 알리는 것이다. 블록 주석 또는 여러 줄 주석의 시작 부분은 기호 / *로 표시되고 기호 * /는 끝을 표시한다. 이 유형의 주석은 하나 이상의

행으로 확장될 수 있도록 호출된다. 컴파일러가 / *를 읽으면 * /를 만날 때까지 뒤에 오는 모든 것을 무시한다.

```
/* Analog input, analog output, serial output */
```

PART

3

디지털 입출력

3 디지털 입출력

본격적인 디지털 입출력 실습을 하기에 앞서 여러 가지 필요한 기본 개념에 대해서 설명한다.

1 기본 개념

1) 플로팅(Floating)

디지털회로에서 IC 등의 소자에 스위치 등을 이용해서 정보를 입력하는 경우 보통 일반적인 입력 신호로 DC 12~5V(HIGH) 혹은 0V(LOW)를 인가한다.

그리고 아래의 회로를 살펴보면 이상한 점을 발견할 수 있다. 현재 [그림 3-1]의 왼쪽 회로처럼 스위치가 열려 있는 상태(off)에서 오른쪽의 회로처럼 스위치를 닫게 되면(on) A위치의 전위는 Ground와 연결되므로 LOW 상태 다시 말해서 0V가 된다. 그런데 왼쪽의 회로처럼 스위치가 열려 있으면 A의 전위는 어떻게 되는 걸까? HIGH라고 할 수 있을까?

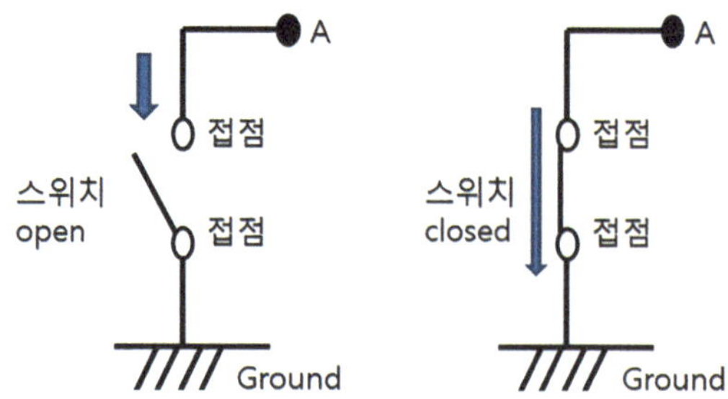

[그림 3-1] 플로팅이란

추가로 설명하기 위해서 디지털회로에서 사용되는 대표적인 소자인 TTL의 입출력의 논리 레벨로 설명한다. TTL 소자류의 유효 입력과 출력 전압 레벨은 아래 그림과 같다. 여기서 High 레벨이 되기 위한 입력 전압은 2□5[V]까지의 전압 영역이며, Low 레벨이 되기 위한 입력 전압은 0□0.8[V]까지 이다. 또한, 출력전압 레벨은 High 레벨이 되기 위해서는 2.4□5[V] 범위가 되고 Low 레벨이 되기 위해서는 0□0.4[V]의 전압 영역까지가 된다.

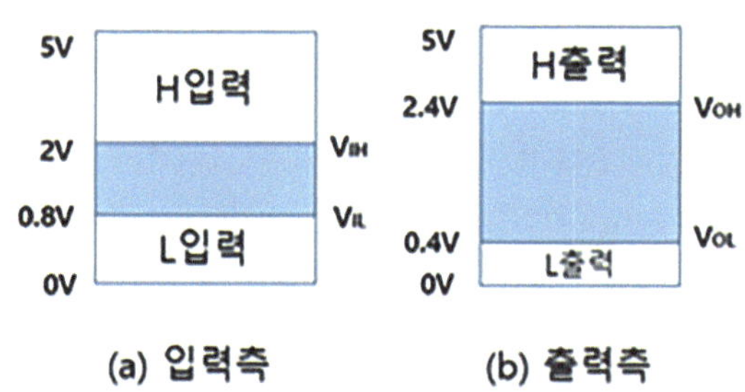

[그림 3-2] 유효 전압 입출력 측

그런데 회로를 만들어 테스터기 등으로 측정을 해보면 입력 측의 신호가 ON이 되지 않은 상태에서 입력 측의 신호가 벌써 LOW 레벨과 HIGH 레벨 사이에 있는 경우를 발견할 수 있다. 이런 상태를 0(OFF)과 1(ON) 사이에서 이것도 아니고 저것도 아닌 마치 물 위에 둥둥 떠다닌다는 뜻으로 플로팅(floating) 현상이라고 한다.

다시 말해서 디지털 핀의 전압이 HIGH와 LOW 사이에서 정신없이 오락가

락하는 현상이다. 그리고 디지털 핀을 입력으로 설정하면 입력 핀 주위에 아주 미세한 전류가 흐르기 때문에 기존 상태의 전압을 LOW 또는 HIGH 한쪽에 미리 고정시켜 줘야 한다. 이때 사용하는 방법이 풀다운(Pulldown) 또는 풀업(Pullup) 저항을 연결하는 것이다.

2) 풀업(pull-up) 저항

각종 디지털회로나 아두이노에서 여러 가지 회로를 직접 꾸미다 보면 풀업(pull-up) 저항 또는 풀다운(pull-down) 저항을 연결하라는 단어를 자주 접하게 된다. 그리고 모든 디지털회로에서는 신호들은 0(OFF) 아니면 1(ON)이어야 한다. 즉 0과 1 사이의 어떤 정보나 신호가 있면 그것을 반드시 0이나 1 둘 중 하나로 결정해야 한다는 뜻이다. 따라서 전류는 저항이 큰 쪽보다는 작은 쪽으로 흐르는 경향이 있기 때문에, 저항을 연결해서 이러한 플로팅 현상을 막아는 것이다.

쉽게 말해서 입력 핀의 전압을 평상시 HIGH(Vcc)로 고정시키는 것이며 평상시 5V 전원 핀과 입력 핀 사이에 저항(수k 옴)을 두고 연결된다.

풀업: HIGH 신호(Vcc)에 고정

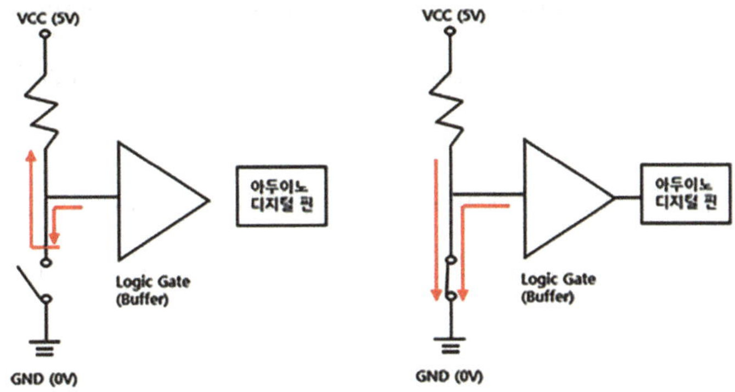

[그림 3-3] 풀업

3) 풀다운 저항

아두이노를 기준으로 설명하자면 5[v]와 스위치 사이에 저항을 추가한 것을 풀업(5V 전위로 끌어올리므로) 저항이라고 하고, 스위치와 GND 사이에 저항을 추가한 것을 풀다운(0V 전위로 끌어내리므로) 저항이라고 한다. 일반적으로 풀업 저항을 사용하는 것이 회로 노이즈가 적어서 많이 사용된다.

풀다운: LOW 신호(GND)에 고정

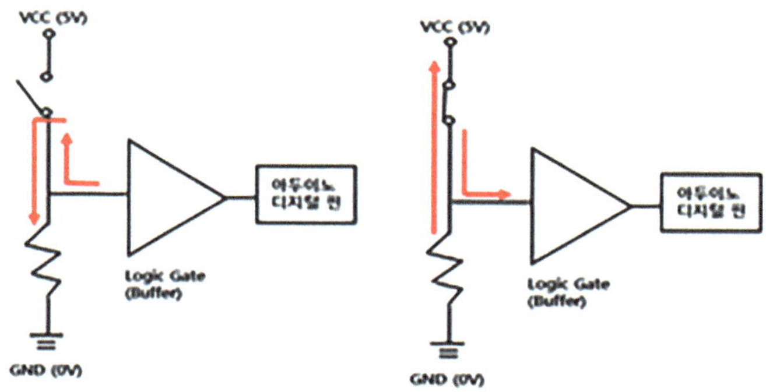

[그림 3-4] 풀다운

아두이노에서 풀업/풀다운 저항을 추가하는 방법은 두 가지가 있다.

첫 번째 방법은 아두이노에서 제공하는 코드를 사용하는 방법이 있다.

예로 든다면 프로그램의 void setup에서 pinMode(2, INPUT)의 방법으로 코딩할 수 있지만 pinMode(2, INPUT_PULLUP)으로 바꾸게 되면 굳이 회로에서 PULLUP 저항을 연결할 필요가 없게 된다. 다시 말해서 아두이노 스케치에서 제공하는 풀업 저항을(소프트웨어적으로) 사용하겠다고 알려주는 것이다.

두 번째 방법은 실제로 풀업/풀다운 저항을 회로에 직접 연결하는 방법이다.

4) LED

Light Emitting Diode의 약자로써, Ga(갈륨), P(인), As(비소)로 만들어진 발광 다이오드를 뜻한다.

LED는 전구와 비교하여 응답 속도가 빠르고 수명이 길다는 장점이 있다. 또한, 전류가 흐르면 빛을 방출하므로 전류가 흐르는지를 확인할 수 있다. LED는 색깔마다 최소 전압, 최대 전압 등이 다르므로 주의를 해야 한다.

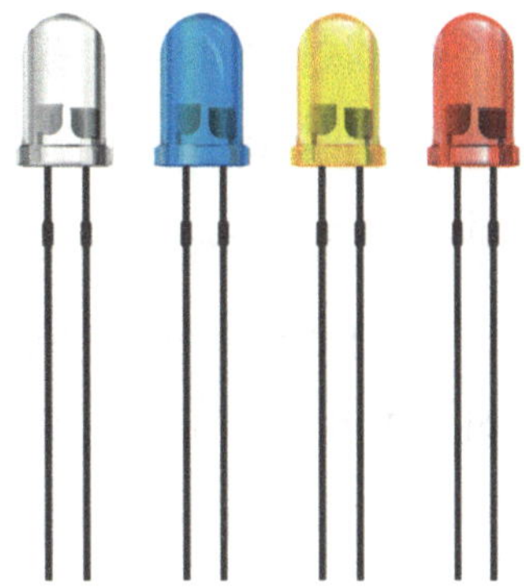

[그림 3-5] LED

따라서 LED를 사용하기 전에 LED 선택 및 사용 시 주의할 점에 대해서 설명을 하겠다. 아래 LED 색깔별 특성이라고 되어 있는 내용을 이해하고 넘어가야 한다.

LED 색깔 구분	최소 전압 [V]	최대 전압 [V]	전류(일반) mA	전류(최대) mA
Red	1.8	2.3	20	50
Orange	2.0	2.3	30	50
Real Yellow	2.0	2.8	20	50
Emerald Green	1.8	2.3	20	50
Real Green	3.0	3.6	20	50
Sky Blue	3.4	3.8	20	50
Real Blue	3.4	3.8	20	50
Pink	3.4	3.8	20	50
White	3.4	4.0	20	50

[표 3-1] LED 색깔별 특성

만약 아두이노의 DC 5[V]에 적색 LED를 연결할 경우 사용하는 저항값을 구하는 방법에 대해서 설명하겠다.

일반적인 공식은 **(공급 전압 – LED 전압(최소 전압과 최대 전압의 평균값)/LED 전류(일반)**이다. 따라서 아두이노의 5[V]에 적색 LED를 연결할 경우 사용하는 저항값은 **(공급 전압 5V – LED 전압 2V)/LED 전류 20(mA) = 150(옴)**이 된다.

그러나 시중에서 판매하는 아두이노 키트에서 제공하는 저항의 종류는 제한적이므로 반드시 계산된 저항을 사용하기는 어렵다. 따라서 각각의 색깔별 LED를 사용할 경우 100옴부터 300옴 정도 사이의 저항을 사용해도 큰 지장은 없다.

만약 저항을 사용하지 않으면 LED는 쉽게 손상이 되므로 주의를 해야 한다.

2 LED 1개로 ON/OFF 하기

1) 실습 내용

이번 실습에서는 아두이노 우노 보드에서 가장 기본이 되는 기능 중의 하나인 디지털 입출력 기능을 이용해서 LED 1개를 1초 간격으로 무한 반복으로 ON/OFF 하는 내용이다.

브레드보드에 LED를 장착하고 점퍼 케이블을 이용하여 아두이노 보드와 연결한 후 동작을 확인한다. 부품 연결 시 LED 보호용 저항을 반드시 추가 연결한다.

2) 아두이노와 사용 부품 연결

아두이노 우노 핀(Pin)	부품	비고
D2번 핀	LED_A +	
GND	LED_A -	저항 추가

[표 3-2] 부품 연결

3) 실습 준비물

아두이노 우노

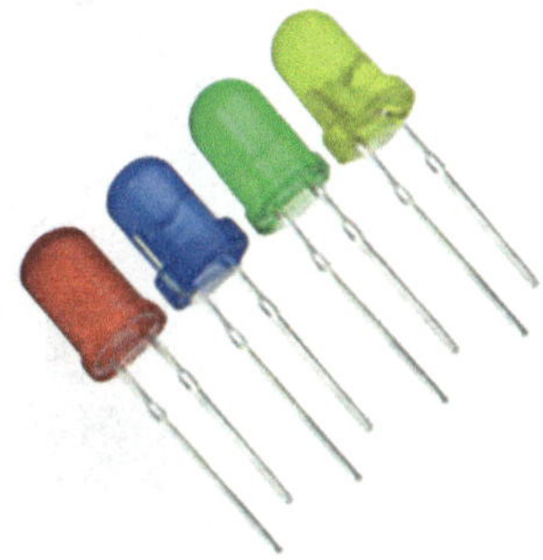

LED

저항

브레드보드

4) 실제 회로 구성

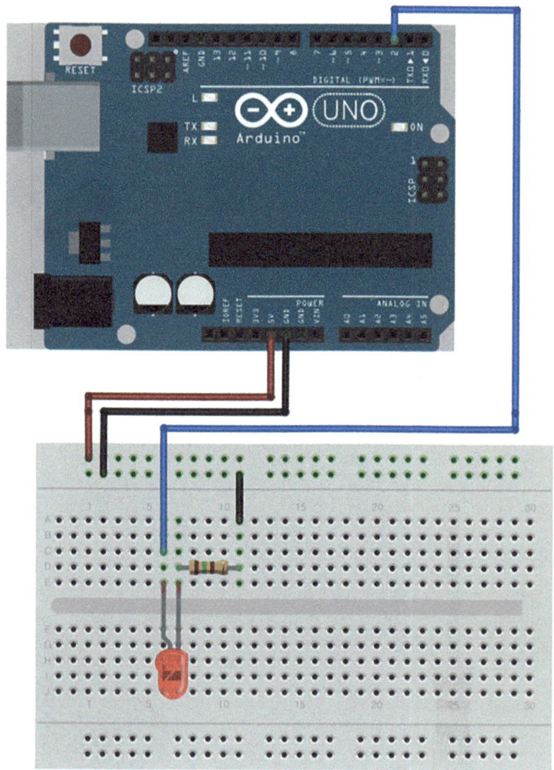

[그림 3-6] 회로 구성

5) 실습 코드

```
int LED_Y=2;                    // 노란색 LED를  아두이노 2번 핀에 연결
void setup() {
pinMode(LED_Y, OUTPUT);
  // 노란색 LED가 연결된 아두이노 보드의 2번 핀을  OUTPUT 설정

     }

void loop() {

digitalWrite(LED_Y, HIGH);      // 노란색 LED를 ON 하기
delay(500);                     // 500ms 지연

digitalWrite(LED_Y, LOW);       // 노란색 LED OFF 하기
delay(500);                     // 500ms 지연

     }
```

3 LED 2개로 ON/OFF 하기

1) 실습 내용

아두이노 우노 보드와 브레드보드의 노란색 LED 1개와 빨간색 LED 1개를 연결하여 노란색 LED가 먼저 1초 ON, 1초 OFF 동작 후 빨간색 LED가 1초 ON, 1초 OFF 동작을 무한 반복하는 실습이다.

브레드보드에 노란색 LED와 빨간색 LED를 삽입 후, 점퍼 케이블을 이용하여

아두이노 보드와 연결한다. 또한, 저항을 아두이노의 GND와 점퍼 케이블을 이용하여 아두이노 보드와 연결한다.

2) 아두이노와 사용 부품 연결

아두이노 우노 핀(Pin)	부품	비고
D2번 핀	LED_A +	
GND	LED_A -	저항 추가
D9번	LED_B +	
GND	LED_B -	저항 추가

[표 3-3] 부품 연결

3) 실습 준비물

아두이노 우노

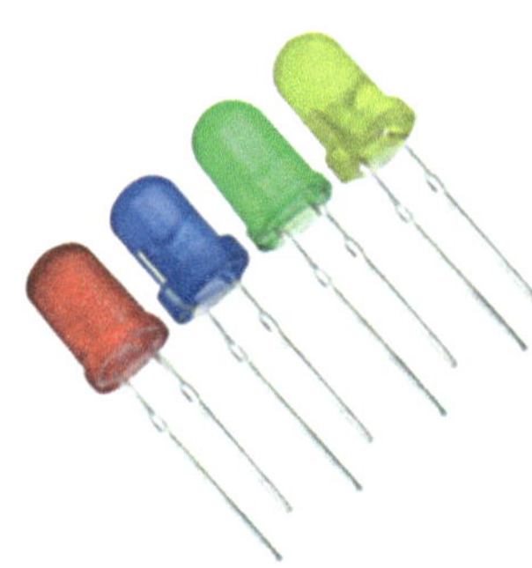

LED

저항

브레드보드

4) 실제 회로 구성

[그림 3-7] 회로 구성

5) 실습 코드

```
nt LED_Y=8;                    // 노란색 LED를 아두이노 보드의  8번에 연결
int LED_R=9;                   // 빨간색 LED를 아두이노 보드의  9번에 연결

void setup() {
pinMode(LED_Y, OUTPUT);
// 노란색 LED가 연결된 아두이노 보드의 8번 핀을 OUTPUT 설정
pinMode(LED_R, OUTPUT);
// 빨간색 LED가 연결된 아두이노 보드의 9번 핀을 OUTPUT 설정
}

void loop() {
digitalWrite(LED_Y, HIGH);     // 노란색 LED ON
delay(500);                    // 500ms 지연
digitalWrite(LED_Y, LOW);      // 노란색  LED OFF
delay(1000);                   // 1000ms 지연
digitalWrite(LED_R, HIGH);     // 빨간색LED ON
delay(1000);                   // 1000ms 지연
digitalWrite(LED_R, LOW);      // 빨간색 LED OFF
delay(500);                    // 500ms 지연
}
```

4 LED 3개로 ON/OFF 하기

1) 실습 내용

노란색 LED, 빨간색 LED, 녹색 LED가 0.5초 간격으로 단계별로 모두 ON 된 후 다시 1초 간격으로 차례대로 OFF 되도록 한다.

브레드보드에 노란색 LED와 빨간색 LED, 초록색 LED를 삽입 후, 점퍼 케이블을 이용하여 아두이노 보드와 연결한다. 또한, 저항을 아두이노의 GND와 점퍼 케이블을 이용하여 아두이노 보드와 연결한다.

2) 아두이노와 사용 부품 연결

아두이노 우노 핀(Pin)	부품	비고
D8번	LED_A +	
GND	LED_A -	저항 추가
D9번	LED_B +	
GND	LED_B -	저항 추가
D10번	LED_C +	
GND	LED_C -	저항 추가

[표 3-4] 부품 연결

3) 실습 준비물

아두이노 우노

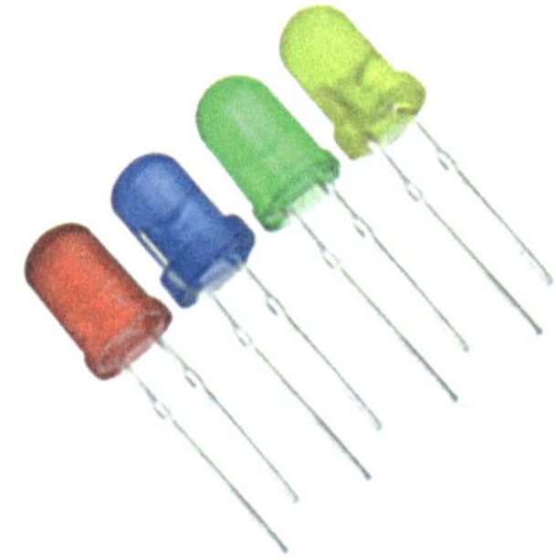

LED

저항

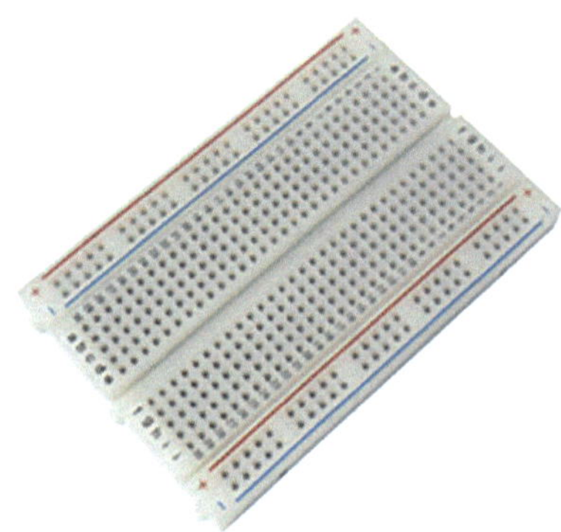

브레드보드

4) 실제 회로 구성

[그림 3-8] 회로 구성

5) 실습 코드

```
int LED_Y=8;                    // 노란색 LED를 아두이노 보드의 8번에 연결
int LED_R=9;                    // 빨간색 LED를 아두이노 보드의 9번에 연결
int LED_G=10;                   // 녹색 LED를 아두이노 보드의 10번에 연결

void setup() {
pinMode(LED_Y, OUTPUT);
// 아두이노 보드의  8번 핀을 노란색 LED OUTPUT 설정
pinMode(LED_R, OUTPUT);
// 아두이노 보드의  9번 핀을 빨간색 LED OUTPUT 설정
pinMode(LED_G, OUTPUT);
// 아두이노 보드의  10번 핀을 녹색  LED OUTPUT 설정
}

void loop() {
digitalWrite(LED_Y, HIGH);     // 노란색 LED ON
delay(500);// 500ms 지연
digitalWrite(LED_R, HIGH);     // 빨간색 LED ON
delay(500);// 500ms 지연
digitalWrite(LED_G, HIGH);     // 녹색 LED ON
delay(500);// 500ms 지연
digitalWrite(LED_Y, LOW);      // 노란색 LED OFF
delay(1000);// 1000ms 지연
digitalWrite(LED_R, LOW);      // 빨간색 LED OFF
delay(1000);// 1000ms 지연
digitalWrite(LED_G, LOW);      // 녹색 LED OFF
delay(1000);// 1000ms delay
}
```

5 3색 LED(RGB)로 ON/OFF 하기

RGB LED(3색 LED)는 빛의 3원색인 Red(빨강), Green(초록), Blue(파랑) 세가지 색깔의 조합으로 모든 색을 표현할 수 있다. RGB LED(3색 LED)는 다음 페이지의 그림처럼 총 4개의 다리가 있다. 그중에 하나는 공통(Common)이고, 나머지 3개는 각각 Red(빨강), Green(초록), Blue(파랑)이다.

RGB LED(3색 LED)는 두 가지 타입으로 구분할 수 있다. 만약 공통(Common) 핀이 +극(Anode)과 연결되면 Common Anode 타입이라고 하고, 그리고 -극(Cathod)과 연결되면 Common Cathod 타입이라고 한다.

사용할 때 주의할 점은 LED 핀의 배열은 LED를 만드는 제조사마다 핀의 배치가 다를 수 있으므로 사용하기 전 항상 LED 핀 배열을 확인해야 한다. 그리고 사용하는 LED 정격 전압은 적색은 2.1V, 청색 녹색은 3.2V 정도이므로 LED 보호를 위해서 각각 다른 저항을 연결해준다. 맞는 저항이 없을 경우 비슷한 저항값의 저항을 사용하면 된다. 참고로 적색 LED 사용시 150[ohm]. 청색과 녹색은 100[ohm] 정도를 사용하면 된다.

1) 실습 내용

이번 실습은 RGB(3색) LED가 빨간색, 녹색, 청색 순서로 1초 간격으로 무한 ON/OFF 동작 만들기이다.

브레드보드에 RGB(3색) LED를 삽입 후, 점퍼 케이블을 이용하여 아두이노 보드와 연결한다. 또한, 저항을 아두이노의 GND와 점퍼 케이블을 이용하여 아두이노 보드와 연결한다.

2) 아두이노와 사용 부품 연결

아두이노 우노 핀(Pin)	부품	비고
D5번 핀	LED_R	저항 추가
D6번 핀	LED_G	저항 추가
D7번 핀	LED_B	저항 추가
GND	LED_GND	저항 추가

[표 3-5] 부품 연결

3) 실습 준비물

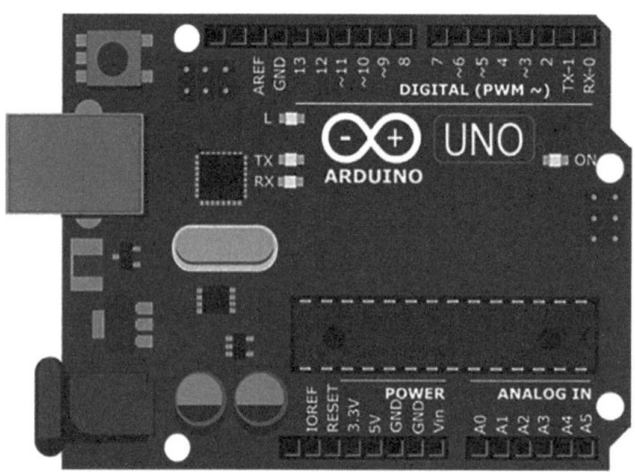

아두이노 우노

3색 LED

저항

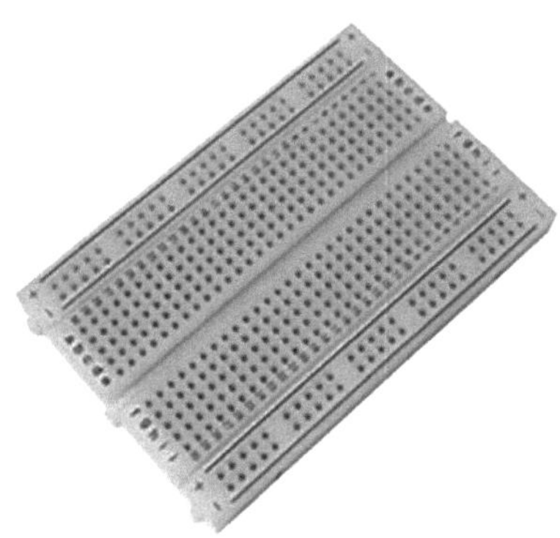

브레드보드

4) 실제 회로 구성

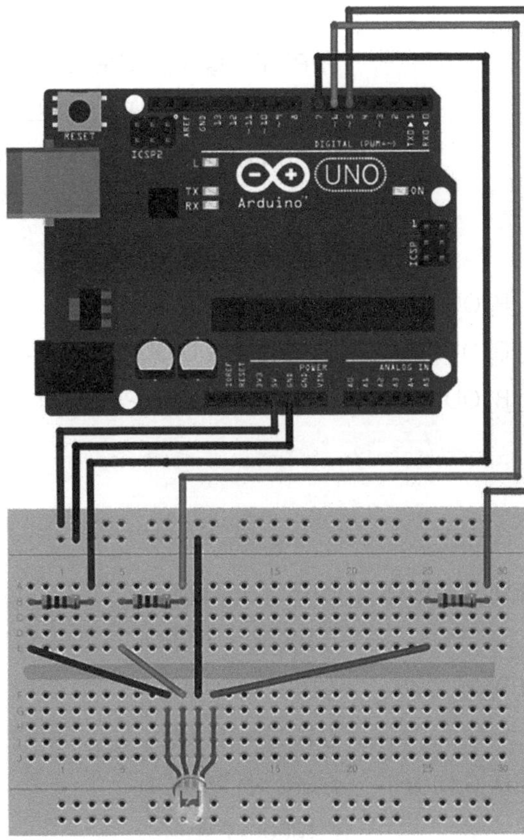

[그림 3-9] 회로 구성

5) 실습 코드

```
int LED_R=5;                    // R(RED)를  아두이노 보드 5번에 연결
int LED_G=6;                    // G(GREEN)를 아두이노 보드 6번에 연결
int LED_B=7;                    // B(BLUE)를 아두이노 보드  7번에 연결

void setup() {
pinMode(LED_R, OUTPUT);   //RED LED OUTPUT 설정
pinMode(LED_G, OUTPUT);   //GREEN LED OUTPUT 설정
pinMode(LED_B, OUTPUT);   //BLUE LED OUTPUT 설정
}

void loop() {
digitalWrite(LED_R,HIGH);      //RED LED ON
delay(1000);                   //1000ms 지연
digitalWrite(LED_R,LOW);       //RED LED OFF
delay(1000);                   //1000ms 지연
digitalWrite(LED_G,HIGH);      //GREEN LED ON
delay(1000);                   //1000ms 지연
digitalWrite(LED_G,LOW);       //GREEN LED OFF
delay(1000);                   //1000ms 지연
digitalWrite(LED_B,HIGH);      //BLUE LED ON
delay(1000);                   //1000ms 지연
digitalWrite(LED_B,LOW);       //BLUE LED OFF
delay(1000);                   //1000ms 지연
}
```

6) 응용하기

초록색 LED는 1.5초마다 ON/OFF 되고 빨간색 LED는 1.3초마다 ON/OFF 되는 프로그램 소스 코드

```
void setup() {
   Serial.begin(9600);          // 시리얼 모니터 설정 통신 속도 9600bps
   pinMode(A1,OUTPUT);          // led를 A1으로 연결
   pinMode(A2,OUTPUT);          // led를 A2로 연결
}
int count=0;                    // 정수형 count를 초깃값 0으로 선언

void loop() {
   delay(100);                  // 0.1초 지연
   count=++count;               // 1증가. 0.1초와 count 값 1을 같은 개념으로
                                   잡고 프로그래밍

int gled=count%15;              // 나머지 값을 구함. count가 15가 되면
                                   ( 시간은 1.5초가 되면)
                                // 15로 나누면 나머지가 0이 됨.

int rled=count%13;              // 13,26,39...가 될 때마다 나머지가 0이 됨.
                                // 다시 말해 1.3초, 2,6초가 되는 시간을 알 수 있음

 if(gled==0){ digitalWrite(A1,HIGH);delay(100);count=++count;
 // 만약 나머지가 0 이면 1.5초의 배수가 되었을 때
      digitalWrite(A1,LOW);}   // A1 핀의 LED를 ON 하시오.
```

```
        if(rled==0){ digitalWrite(A2,HIGH);delay(100);count=++count;
    // 만약 LED가 ON 되어 있어도 0.1초가 흘러가므로 count도 1증가시킴
// 따라서 13의 배수가 될 때마다 나머지는 0이 됨
    digitalWrite(A2,LOW);}        // 그때 A2의 핀에 연결된 LED를 ON

  Serial.print(count);
  Serial.print("  ");
  Serial.print(gled);
  Serial.print("  ");
  Serial.println(rled);
}
```

6 택트(Tact) 스위치를 이용해서 LED ON/OFF 하기

이번에는 아두이노 우노 보드에서 가장 기본적인 I/O에 대해서 학습한다.

I/O는 Input(입력) Output(출력)에 약자이며, 택트 스위치 그리고 LED와 같은 입출력 부품들을 I/O라고 한다.

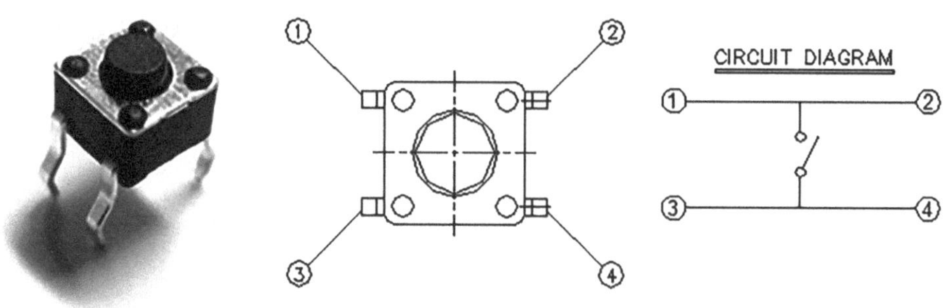

[그림 3-10] 택트 스위치

Tact Switch

- 버튼을 누르고 있을 때만 ON이 유지되는 스위치다.
- 즉 버튼에서 손을 떼면 스위치가 원상 복귀됨과 동시에 OFF로 전환된다.
- 택트 스위치는 리셋이나 조이스틱 버튼과 같은 장치에 적합하다.

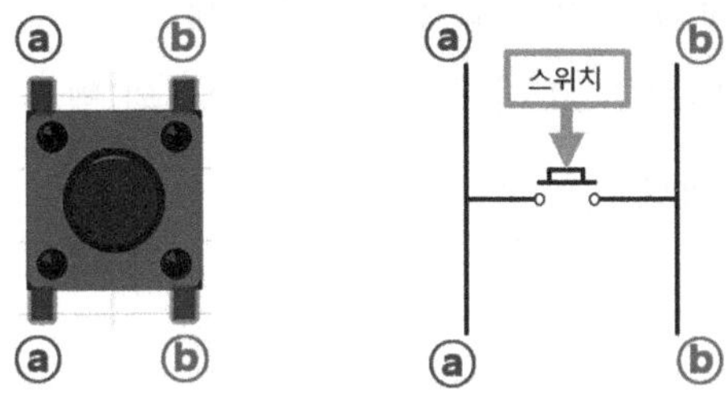

[그림 3-11] **택트 스위치 동작**

위 그림처럼 왼쪽 오른쪽에 2개의 단자가 세로 방향으로 서로 연결되어 있다. ⓐ줄은 하나의 선으로 연결되어 스위치를 누르는 것과는 상관없이 항상 연결되어 있다는 뜻이다.

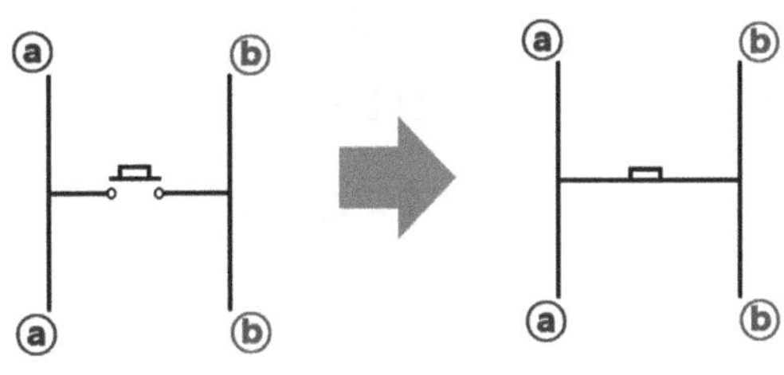

[그림 3-12] **스위치 연결**

왼쪽 그림은 스위치를 누르지 않은 상태, 오른쪽은 스위치를 누른 상태이다. 가운데 스위치를 누르면 ⓐ, ⓑ줄이 모두 연결된다.

1) 실습 내용

택트 스위치를 이용해서 스위치를 누르면 LED가 ON 되고 스위치를 떼면 LED가 OFF 되도록 한다. 실습에서 메인 제어기가 되는 아두이노 우노 보드 1개와 다른 부품을 연결해 점퍼 케이블과 회로를 구성할 때 필요한 브레드보드, 입력용 부품 택트 스위치 2개, 출력용 부품 빨간 LED 2개, 저항이 필요하다.

회로도와 핀(Pin) 맵을 보고 아두이노 우노 보드와 빨간 LED, 택트 스위치, 저항을 이용하여 실습 회로를 구성한다.

2) 아두이노와 부품 연결

아두이노 우노 핀(Pin)	부품	비고
D5번	택트 스위치A	풀업
D4번	택트 스위치B	풀업
D3번	LED_A +	
D2번	LED_B +	
GND	LED -	저항 추가

[표 3-6] 부품 연결

3) 실습 준비물

아두이노 우노

LED

저항

택트 스위치

4) 실제 회로 구성

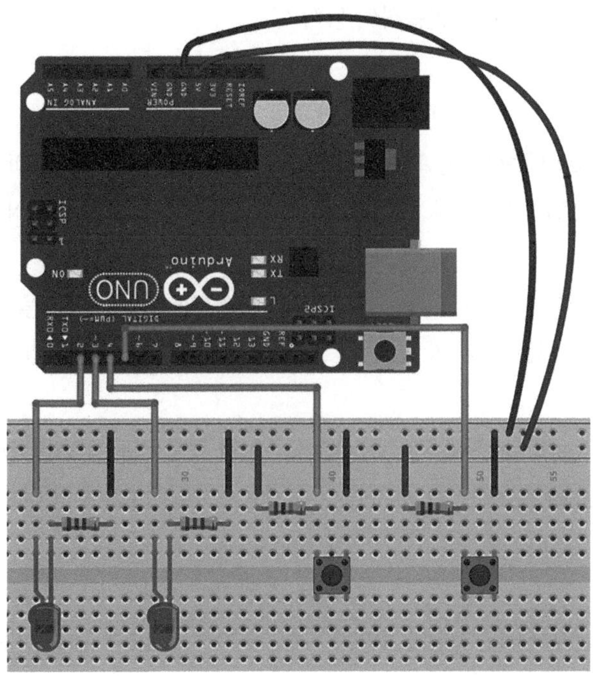

[그림 3-13] 회로 구성

5) 실습 코드

```
int LED_A = 2;                    // LED 출력 핀(Pin)
int LED_B = 3;                    // LED 출력 핀(Pin)
int TactSW_A = 4;                 // 택트 스위치 입력 핀(Pin)
int TactSW_B = 5;                 // 택트 스위치 입력 핀(Pin)

void setup(){                     // 초기화 1회 동작
  pinMode(LED_A,OUTPUT);                     // LED 출력 설정
  pinMode(LED_B,OUTPUT);                     // LED 출력 설정
  pinMode(TactSW_A,INPUT_PULLUP);            // 스위치 풀업 입력 설정
  pinMode(TactSW_B,INPUT_PULLUP);            // 스위치 풀업 입력 설정
}

/* 택트 스위치와 LED를 연동하여 동작 */

void loop(){                      // 반복문
  if(digitalRead(TactSW_A) == LOW){ // 만약 택트 스위치A가 ON이 되면(풀다운)
      digitalWrite(LED_A,HIGH);             // LED_A를 ON 하고
  }
      else{                       // 택트 스위치A가 OFF가 되면(풀다운)
      digitalWrite(LED_A,LOW);              // LED_A를 OFF 한다.
  }
  if(digitalRead(TactSW_B) == LOW){ // 만약 택트 스위치B가 ON이 되면(풀다운)
      digitalWrite(LED_B,HIGH);             // LED_B를 ON 하고
  }
      else{                       // 택트 스위치A가 OFF가 되면(풀다운)
      digitalWrite(LED_B,LOW);              // LED_B를 OFF 한다.
  }
}
```

6) 사용한 함수

(1) pinMode(pin, mode)

핀(Pin)의 상태를 입력(Input) 혹은 출력(Output)으로 설정한다. 하나의 핀(Pin)에서는 한 가지 기능만 설정할 수 있기 때문에 한 가지 일밖에 못한다. 일부 기능 핀(Pin)을 제외하고는 기본적으로 입력 또는 출력 기능으로만 사용이 가능한다.

(2) digitalWrite(pin, value)

셋업에서 설정된 해당 디지털 핀(Pin)에 출력을 한다. HIGH(보통 5V)를 지정하면 5V 출력을 발생하고 LOW(보통 0V)를 지정하면 0V가 발생되어 출력된다.

(3) digitalRead(pin)

셋업에서 설정된 해당 디지털 핀(Pin)의 신호값을 읽어내는 기능이다. 읽어 오는 값으로는 HIGH(보통 5V) 또는 LOW(보통 0V)를 읽어 오게 된다.

7 택트 스위치를 토글 스위치처럼 사용하기

스위치의 종류에는 누름 스위치(버튼)와 토글 스위치, 설렉트(선택) 스위치 등의 여러 가지가 있다. 그러나 스위치의 동작을 보면 크게 2가지로 나눌 수 있다.

예를 들자면 스위치를 손가락으로 눌렀을 때만 ON이 되고 손가락을 떼면 OFF 되는 스위치와 토글 스위치나 셀렉트 스위치처럼 한 번 스위치의 상태를 ON이나 OFF로 선택해서 변경하면 스위치의 ON이나 OFF 상태를 계속 유지하고 있는 스위치가 있다.

[그림 3-14] 토글 스위치

1) 실습 내용

누름 버튼 스위치(택트 스위치)를 사용해서 홀수 번 누르면 스위치 신호가 ON을 유지하고 짝수 번 누르면 스위치 신호가 OFF를 유지하는 실습이다. 신호가 ON과 OFF를 유지하는 것은 LED를 사용해서 확인하도록 한다.

2) 아두이노와 부품 연결

아두이노 우노 핀(Pin)	부품	비고
D5번 핀	택트 스위치A	풀 다운
D6번 핀	LED_B +	
GND	LED-B - GND	

[표 3-7] 부품 연결

3) 실습 준비물

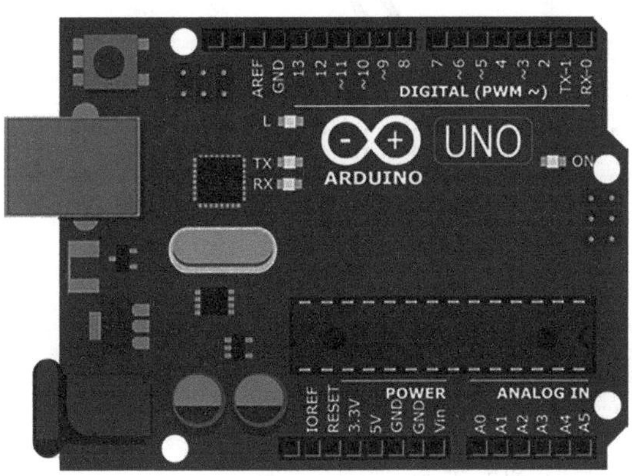

아두이노 우노

LED

저항

택트 스위치

4) 실제 회로 구성

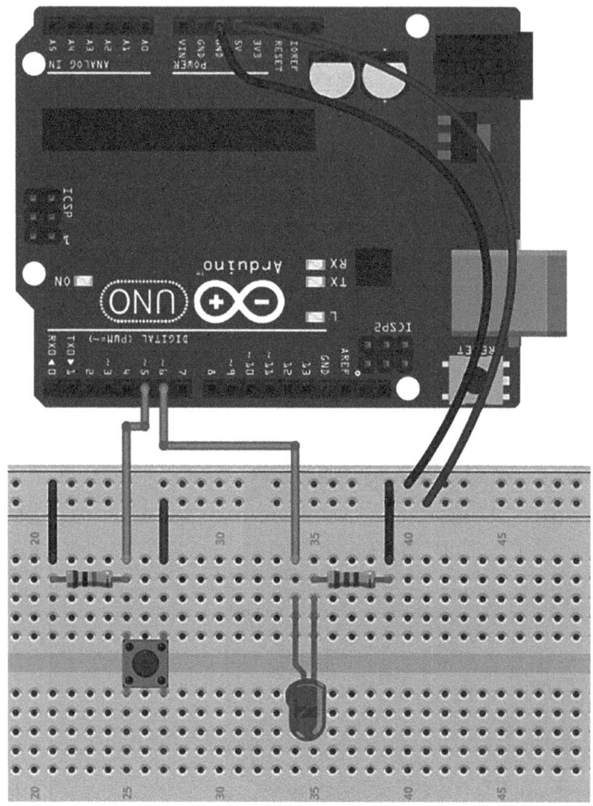

[그림 3-15] 회로 구성

5) 실습 코드

```
int LED_R  = 6;                      //  적색 LED의 를 아두이노 6번으로 연결
int Tact_sw = 5                      // Tact 스위치를 아두이노의 5번으로 연결(풀 다운)
int SW_State_0 = 0 ;                 // 스위치의 상태는 0으로 설정 off 상태
int SW_Prev_State =  0;              // 스위치의 이전 상태
int press_Tact_sw = 0;               // 스위치의 동작을 유지하는 변수
int Delay_Time = 50;                 // 지연 시간 설정 50ms

void setup(){

pinMode(LED_R,OUTPUT);     // LED_R을 OUTPUT으로
pinMode(Tact_sw,INPUT);     // Tact_sw를 INPUT으로

Serial.begin(9600);                  // 시리얼 모니터 설정 통신 속도는 9600bps
}

void loop()
{
SW_State_0= digitalRead(Tact_sw);   // Tact_sw의 상태를 읽어 오기
if (SW_State_0!= SW_Prev_State)      // 스위치 현 상태와 이전 상태를 비교
 {
  if(SW_State_0 == 1)                  // 만약 스위치의 상태가 1(on)이고
   {
    if(press_Tact_sw == 0)             //  Tact_sw의 상태가 0(off)라면
     {
      digitalWrite(LED_R, HIGH);        // LED_R을 ON
      press_Tact_sw = 1;       // press_Tact_sw 변수에 1(ON)을 전달(저장)
      Serial.println( "the switch is on"); //시리얼 모니터에 the
                                          // switch is on 표시
```

```
  }
   else                          // 만약 스위치의 상태가 1(on)이 아니면
   {
     digitalWrite(LED_R, LOW);     // LED_R을 OFF
      press_Tact_sw = 0;            // press_Tact_sw 변수에 0 (OFF)를
                                    //전달(저장)
      Serial.println("the switch is OFF");  //시리얼 모니터에
                                            // the switch is OFF 표시
   }

     Serial.print( "press_Tact_sw = ");    // 시리얼 모니터 표시
     Serial.println(press_Tact_sw );       // 시리얼 모니터 표시
  }
   SW_Prev_State = SW_State_0;             //스위치 상태를 SW_Prev_State
                                           //(스위치 이전 상태)로 전달(저장)
 }
 delay(Delay_Time);                  // 50ms 지연 시간
}
```

8 피에조 부저 출력하기

부저(Buzzer)

부저는 크게 능동 부저와 수동 부저 2가지로 나누어진다.

능동 부저(Active Buzzer)란 이미 내장된 회로가 있어 외부에서 전원만 공급하면 자동으로 소리가 출력되는 부저이다. 사용하기 쉽고 편리하다는 장점이 있으나 한 가지 소리밖에 낼 수 없다는 단점이 있으며 단순한 소리를 필요로 하는 곳, 예를 들면 경고음 같은 곳에 사용된다.

수동 부저(Passive Buzzer)란 내장된 회로가 없어 자동으로 제어할 수는 없고, 주파수를 만들어 전류를 흘려주면 그 주파수대로 음을 내는 부저이다. 하나의 부저에서 다양한 소리를 만들어 낼 수 있다는 장점이 있으나, 주파수를 기입해야 하므로 프로그램이 복잡해진다는 단점이 있다.

1) 실습 내용

스피커 출력 실습에 사용되는 것은 피에조 부저(Buzzer)이다. 부저는 전자석의 코일에 전류를 보내어 철판 조각을 진동시켜 내는 신호이며, 이번 실습에서는 부저의 사용법을 알아보고 아두이노와 수동 부저를 이용하여 '도, 레, 미, 파, 솔, 라, 시, 도' 8가지 음계 이름을 단계별로 소리를 발생하는 동작을 구현한다.

2) 아두이노와 부품 연결

아두이노 우노 핀(Pin)	부품	비고
D4번 핀	부저 +	
GND	부저 -	

[표 3-8] 부품 연결

3) 실습 준비물

아두이노 우노

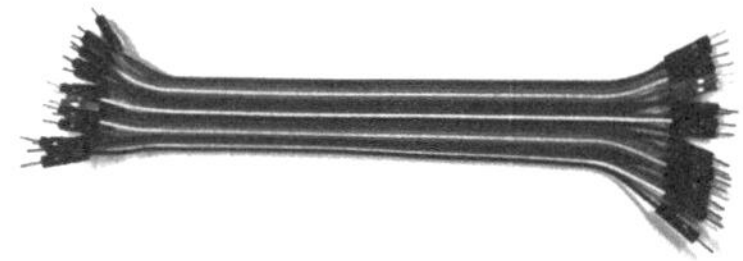

연결 케이블

부저

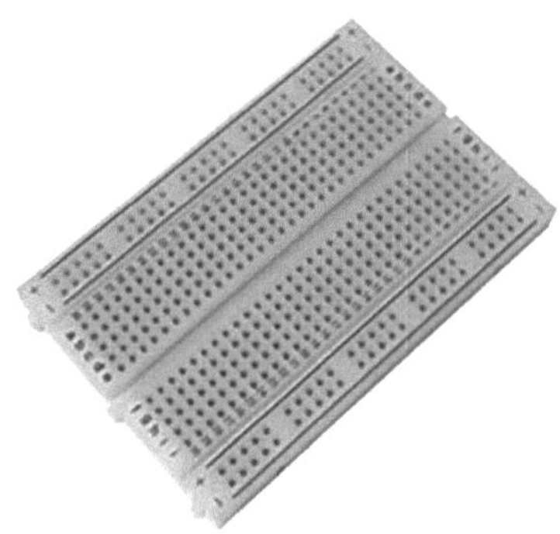

브레드보드

4) 실제 회로 구성

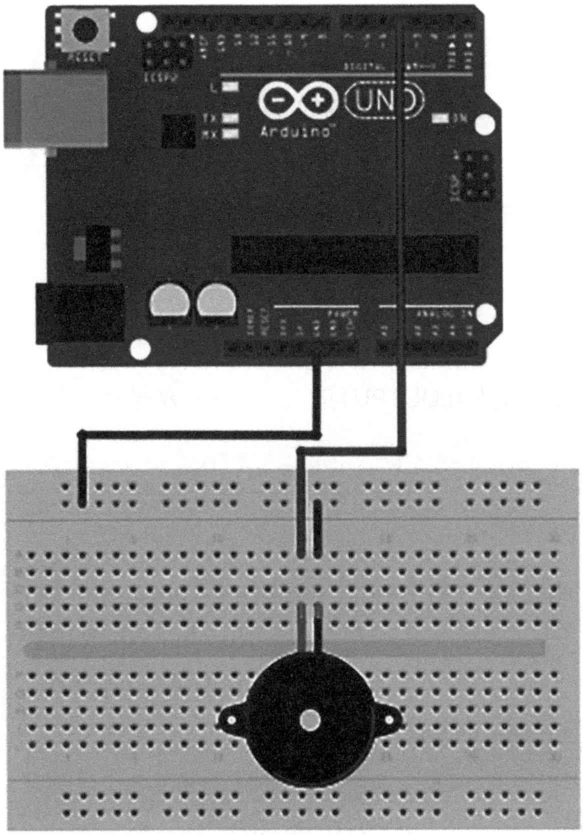

[그림 3-16] 회로 구성

옥타브 음계	1	2	3	4	5	6	7	8
C(도)	32.7	65.4	130.8	261.6	523.3	1046.6	2093.0	4186.0
C#	34.6	68.3	138.6	277.2	554.4	1108.7	2217.5	4434.9
D#	36.7	73.4	146.8	293.7	587.3	1174.7	2349.3	4698.6
D(레)	38.9	77.8	115.6	311.1	622.3	1244.5	2489.0	4978.0
E(미)	41.2	82.4	164.8	329.6	659.3	1318.5	2637.0	5274.0
F(파)	43.7	87.3	174.6	349.2	698.5	1396.9	2793.8	5587.7
F#	46.2	92.5	185.0	370.0	740.0	1480.0	2960.0	5919.9
G(솔)	49.0	98.0	196.0	312.0	784.0	1568.0	3136.0	6271.9
G#	51.9	103.8	207.7	415.3	830.6	1661.2	3322.4	6644.9
A(라)	55.0	110.0	220.0	330.0	880.0	1760.0	3520.0	7040.0
A#	58.3	116.5	233.1	466.2	932.3	1864.7	3729.3	7040.0
B(시)	61.7	123.5	246.9	493.9	987.8	1975.5	3951.1	7902.1

[표 3-9] 음계

5) 실습 코드

```
int Buzzer_Pin = 4;                // 4번 핀에 부저 연결
int Tones[8] = {261,294,330,349,392,440,494,523}; // 음계표준 주파수(4옥타브)
                                   // 도레미파솔라시도 8가지 톤 설정
int Tones_Number;                  // 톤에 들어갈 변수

void setup(){

  pinMode(Buzzer_Pin,OUTPUT);                  // 부저 OUTPUT 설정
}

void loop() {
  for(Tones_Number = 0; Tones_Number<8;Tones_Number++){
                                   // Tones_Number 변수에 0을 입력
                                   // 변수가 7될 때까지 1씩 증가
   tone(Buzzer_Pin,Tones[Tones_Number]);  // 톤 출력
                                   //  톤 함수를 이용하여 소리 발생
   delay(500);                     // 0.5초 지연
}
  noTone(Buzzer_Pin);                          // 노톤 함수로 소리를 OFF
  delay(1000);                     // 1초 지연
}
```

6) 함수

tone 함수는 수동 부저와 연결된 핀에 사용자가 지정한 주파수만큼 신호를 만들어 수동 부저에 전달하는 함수이다.

(1) tone(핀 번호, 주파수)

tone 함수는 2개의 인자를 받는다. 첫 번째 인자는 핀 번호 몇 번에 신호를 출력하는지, 두 번째 인자는 주파수 신호를 어떻게 출력할지를 설정하는 것이다. 즉 아두이노 보드 내에 몇 번 핀에 얼마만큼의 주파수를 낼 것인가를 말하는 것이다.

noTone 함수는 tone 함수의 반대 기능이다. 수동 부저의 소리 발생을 끄고 싶을 때 사용하는 함수이다.

noTone(핀 번호)와 같은 형태로 사용된다.

9 미니 피아노 만들기

이번에는 그동안 배웠던 스위치와 부저의 사용법과 코딩 내용을 응용해서 미니 피아노를 만들어 보겠다.

1) 실습 내용

버튼과 10K~1K 저항(Pull down용이다)을 각각 8개와 부저를 사용한다.

각각의 버튼을 눌러 디지털 신호가 입력되면 부저에서 소리가 정해진 음계 소리가 나온다. 이번에는 택트 스위치 저항을 풀다운(PULLDOWN)으로 연결한다.

스위치와 연결 시 연결되는 핀의 위치를 반드시 확인해야 한다. 스위치를 잘못 배치하면 보드에서 합선이 발생할 수 있다.

2) 아두이노와 부품 연결

아두이노 우노 핀(Pin)	부품	비고
D13번 핀	부저 +	
GND	부저 -	
D2	택트 스위치 1	
D3	택트 스위치 2	
D4	택트 스위치 3	
D5	택트 스위치 4	
D6	택트 스위치 5	
D7	택트 스위치 6	
D8	택트 스위치 7	
D9	택트 스위치 8	
GND	택트 스위치	풀다운 저항

[표 3-10] 부품 연결

3) 실습 준비물

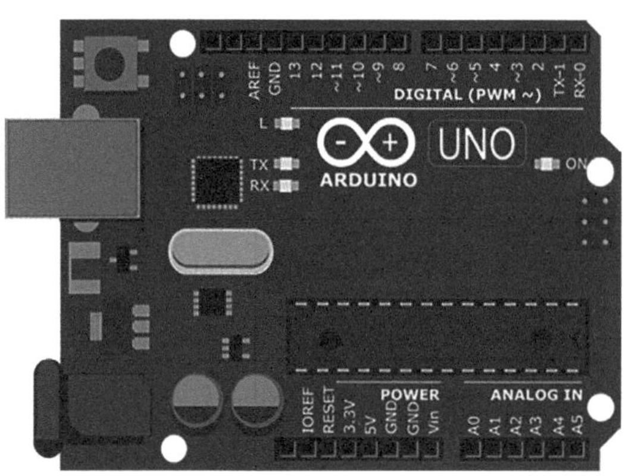

아두이노 우노

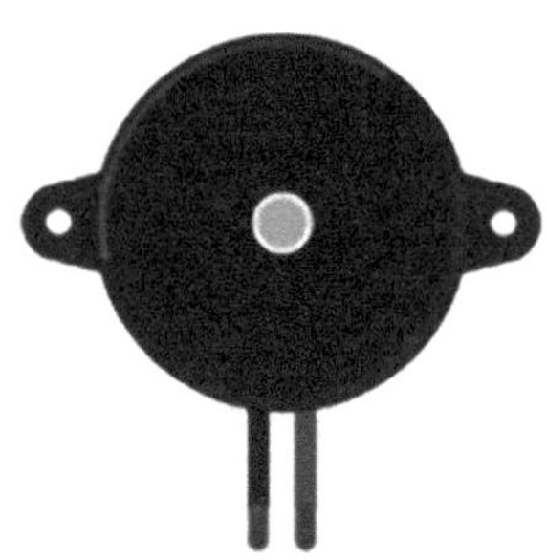

부저

저항

택트 스위치

4) 실제 회로 구성

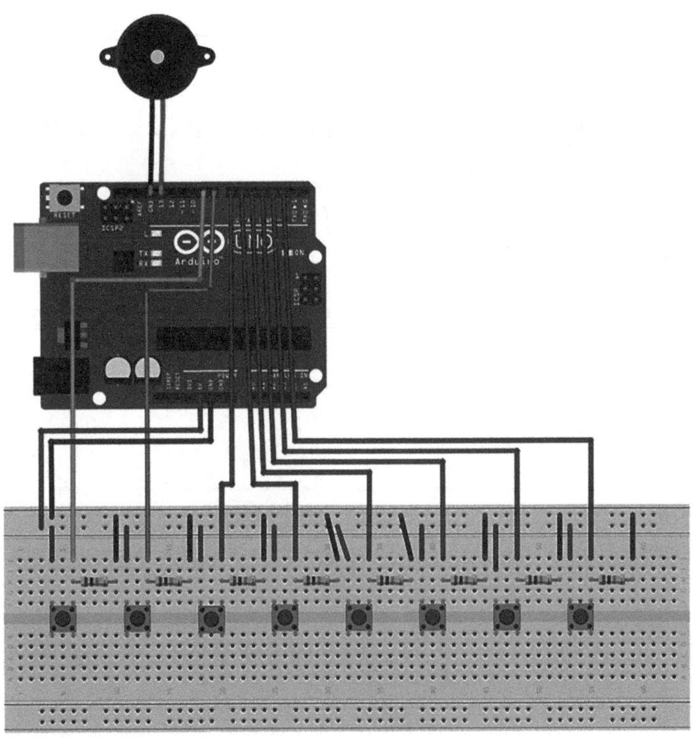

[그림 3-17] 회로 구성

5) 실습 코드

```
void setup() {

pinMode(2, INPUT);          // 디지털 2번 핀을 입력모드로 설정

pinMode(3, INPUT);          // 디지털 3번 핀을 입력모드로 설정

pinMode(4, INPUT);          // 디지털 4번 핀을 입력모드로 설정

pinMode(5, INPUT);          // 디지털 5번 핀을 입력모드로 설정

pinMode(6, INPUT);          // 디지털 6번 핀을 입력모드로 설정

pinMode(7, INPUT);          // 디지털 7번 핀을 입력모드로 설정

pinMode(8, INPUT);          // 디지털 8번 핀을 입력모드로 설정

pinMode(9, INPUT);          // 디지털 9번 핀을 입력모드로 설정

pinMode(13, OUTPUT);        // 디지털 13번 핀을 피에조 스피커 출력모드로 설정

}

void loop() {
if (digitalRead(9) == HIGH) {   // 만약 9번 핀으로 HIGH 신호가 입력되면

tone (13, 261.6,100);       // 13번 핀에 주파수 신호 361.6을 출력
}
```

```
else if (digitalRead(8) == HIGH) {          // 만약에 8번 핀으로 HIGH 신호가 입력되면
tone (13, 294.7,100);                       // 13번 핀에 주파수 신호 393.7을 출력
}

else if (digitalRead(7) == HIGH) {          // 만약 7번에 HIGH 신호가 입력되면
tone (13, 329.6,100);                       // 13번 핀에 주파수 신호 329.6을 출력
}

else if (digitalRead(6) == HIGH) {          // 만약 6번에 HIGH 신호가 입력되면
tone (13, 349.2,100);                       // 13번 핀에 주파수 신호 349.2 출력
}

else if (digitalRead(5) == HIGH) {          // 만약 5번에 HIGH 신호가 입력되면
tone (13, 392.0,100);                       // 13번 핀에 주파수 신호 392.0 출력
}

else if (digitalRead(4) == HIGH) {          // 만약 4번에 HIGH 신호가 입력되면
tone (13, 440.0,100);                       // 13번 핀에 주파수 신호 440.0 출력
}

else if (digitalRead(3) == HIGH) {          // 만약 3번에 HIGH 신호가 입력되면
tone (13, 493.9,100);                       // 13번 핀에 주파수 신호 493.9 출력
}

else if (digitalRead(2) == HIGH) {          // 만약 2번에 HIGH 신호가 입력되면
tone (13, 523.0,100);                       // 13번 핀에 주파수 신호 523.0 출력
}

}
```

작성된 프로그램 코드를 업로드하고 각각의 버튼을 누르면 도, 레, 미, 파, 솔, 라, 시, 도 음정이 부저를 통해서 나오게 된다.

10 배경음악 만들기

아두이노는 PWM 출력의 원리를 이용하여 주파수(소리의 파장)를 전기 신호로 출력할 수 있다. 이러한 방법을 이용하면 스피커(부저)를 통해서 원하는 소리를 출력할 수 있다. 이제부터는 간단한 배경음악을 만들고 부저 스피커를 통해 배경음악을 재생(출력)해 보도록 한다.

부저는 크게 2가지, 능동 부저와 수동 부저로 나뉘어진다. 능동 부저는 전압만 인가하면 소리를 내며, 수동 부저는 이와는 다르게 정해져 있는 주파수 관련 프로그램이 있어야만 약속된 주파수의 소리를 낸다. 능동 부저도 프로그램으로 소리를 구현할 수 있지만, 소리가 중복되는 부분이 있어서 수동 부저에 비해서는 발생하는 소리가 매끄럽지 못하게 들리게 된다. 지금부터 사용하는 부저는 능동 부저이며, 앞선 예제에서 사용했던 것처럼 5V를 인가시키면 소리를 내며 작동한다.

1) 실습 내용

이번에는 부저에 tone( )이라는 주파수 함수를 사용해서 개인이 만들 수 있는 음악 프로그램을 만들고 재생시켜 보도록 한다.

주파수에 따른 소리의 높낮이를 나타내는 [표 3-9]를 참조한다.

2) 아두이노와 부품 연결

아두이노 우노 핀(Pin)	부품	비고
D4번 핀	부저 +	
GND	부저 -	

[표 3-11] 부품 연결

3) 실습 준비물

아두이노 우노

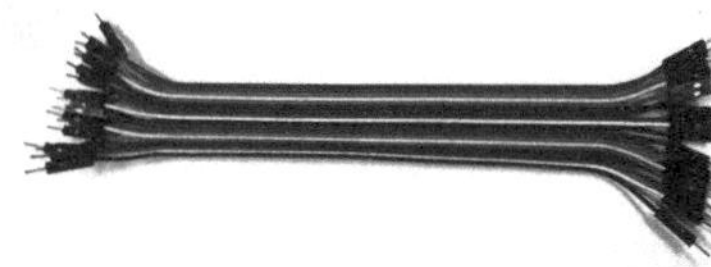

연결 케이블

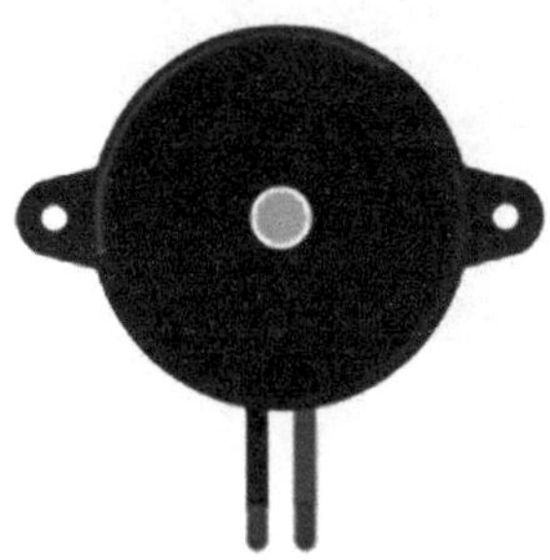

부저

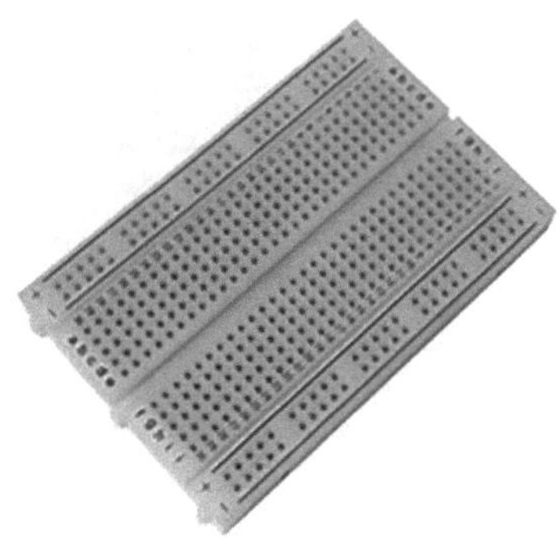

브레드보드

4) 실제 회로 구성

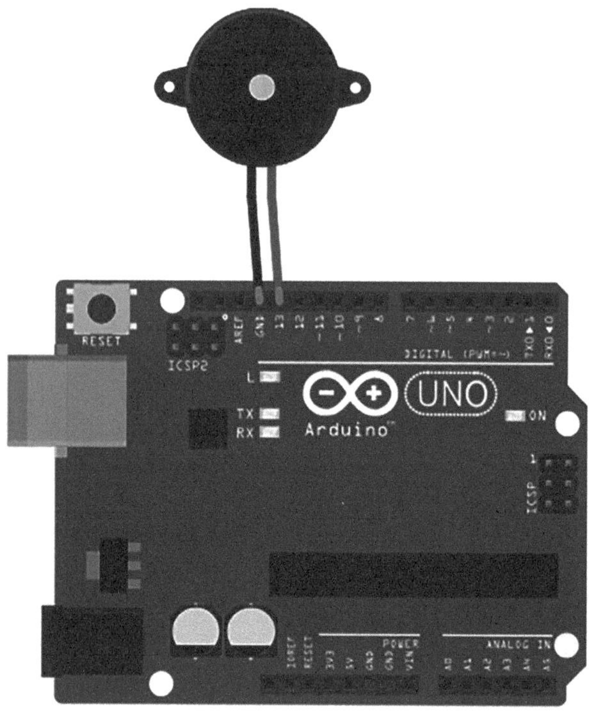

[그림 3-18] 회로 구성

5) 실습 코드

```
void setup() {

pinMode(13, OUTPUT);          // 디지털 13번 핀을 출력 모드로 설정

}

void loop() {

tone(13, 261.6, 500);         // 13번 핀, 4옥타브 도를 1초 동안 출력한다.
   delay(500);
tone(13, 329.7, 1000);        // 13번 핀, 4옥타브 미를 2초 동안 출력한다.
   delay(1000);
tone(13, 349.2, 500);         // 13번 핀, 4옥타브 도를 1초 동안 출력한다.
   delay(500);
}
```

6) 기타 학교 종이 땡땡땡 음악 만들기

```
int c=261;          // 도
int d=294;          // 레
int e=330;          // 미
int f=349;          // 파
int g=392;          // 솔
int a=440;          // 라
int b=494;          // 시
int c1=523;         // 도(높은)
```

```
int notes[12] ={g,g,a,a,g,g,e,g,g,e,e,d};           // notes라는 배열을 지정한다.
                                        // 배열은 12개로 지정되어 있다.
                                        // 배열의 내용은 솔솔라라솔솔미솔솔미미레이다.

int notes2[12]={g,g,a,a,g,g,e,g,e,d,e,c};           // note라는 배열을 지정한다.
                                        // 배열은 12개로 지정되어 있다.
                                  // 배열의 내용은 솔솔라라솔솔미솔미레미도이다.
void setup()
     {
  pinMode(13,OUTPUT);  // 13번 핀을 출력 모드로 지정한다. (부저 연결)

     }

void loop() {
  for (int i = 0;  i<12;  i++){     // i를 0으로 초기화시키고 11까지 증가시킨다.
     tone(13,notes[i],200);       // notes의 배열을 0부터 11까지 증가시키며
                                        // 13번 핀에 연결된 부저의 소리를 0.2초씩 발생



     delay(300);                        // 0.3초 지연
  }
     delay(100);                        // 0.1초 지연
       for (int i = 0; i<12; i++){
                                        // i를 0으로 초기화시키고 11까지 증가시킨다.
       tone(13,notes2[i],200); // notes2의 배열을 0부터 11까지 증가시키며
                                        // 13번 핀에 연결된 부저의 소리를 0.2초씩 발생

     delay(300);                        // 0.3초 지연
            }
     delay(1000);                       // 1초 지연
}
```

7) 함수

(1) tone(핀 번호, 주파수) 또는 tone(핀 번호, 주파수, 출력 시간)

주파수 신호를 출력하여 소리를 설정하기 위한 함수이다.

(2) 매개변수

① 핀 번호: 주파수 신호를 출력할 핀 번호를 설정한다. (PWM핀)
② 주파수: 31~65535 범위의 주파수(Hz)를 설정한다.
③ 출력 시간: 밀리 초단위(1000당 1초)입력, 얼마 동안 주파수를 출력할지 설정한다.

(3) noTone()

주파수 신호 출력을 중지하기 위한 함수이다.

11 배열을 이용한 미니 피아노 연주하기

이전 실습에서 부저를 사용하여 계이름 소리를 내는 실습과 스위치 실습으로 스위치를 제어하는 실습을 진행하였다. 그렇다면 부저와 스위치 버튼 실습을 함께 응용하여 버튼을 누르면 소리가 나는 피아노를 만드는 것도 가능하다는 것을 알 수 있다.

1) 실습 내용

아두이노, 수동 부저, 택트 스위치를 이용하여 피아노 건반을 만들고 스위치 건반으로 음악을 연주하는 실습을 한다.

아두이노 보드 1개, 브레드보드 1개, 수동 부저 1개, 점퍼 케이블, 택트 스위치 4개, 330옴 저항 4개로 택트 스위치를 누르면 수동 부저로 정해 놓은 주파수의 음역대를 내는 실습 회로를 구성한다.

2) 아두이노와 부품 연결

아두이노 우노 핀(Pin)	부품	비고
D8	부저 +	
GND	부저 -	
D2	택트 스위치 1	
D3	택트 스위치 2	
D4	택트 스위치 3	
D5	택트 스위치 4	
GND	택트 스위치	풀다운 저항

[표 3-12] 부품 연결

3) 실습 준비물

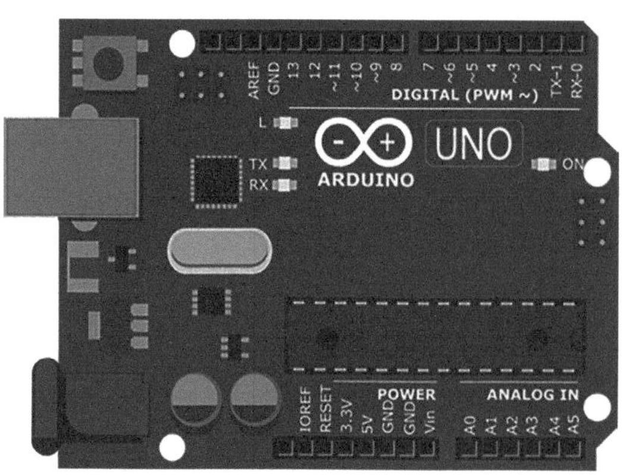

아두이노 우노

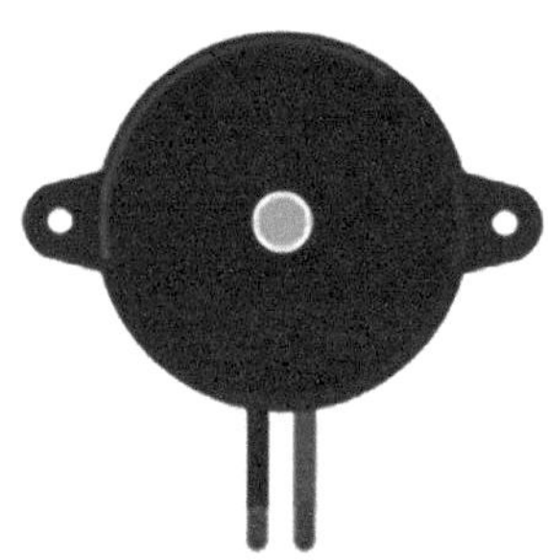

부저

저항

택트 스위치

4) 실제 회로 구성

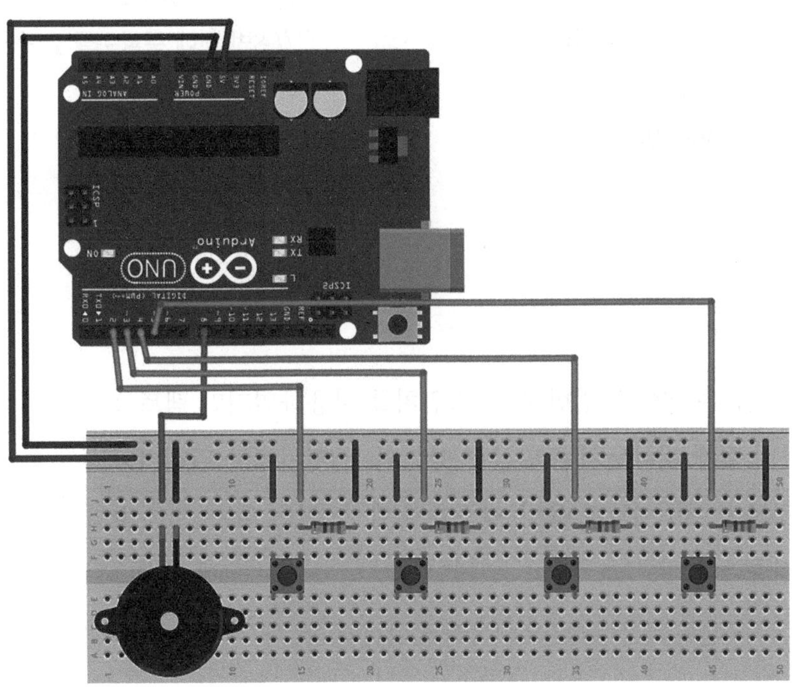

[그림 3-19] 회로 구성

5) 실습 코드

```
int pins[ ] = { 5, 4, 3, 2 };          // 2, 3, 4, 5번 핀에 스위치 연결
int notes[ ] = { 261, 294, 330,349 } ;            // 도, 레, 미, 파 4가지 톤 설정

void setup() {
 for (int i = 0; i < 4; i++) {          // i가 다음 조건일 때 반복한다.
   pinMode(pins[i], INPUT);                       // 핀 입력
 }
}

void loop() {
   for (int i = 0; i < 4; i++) {
       if(digitalRead(pins[i]) == HIGH) {         // 만약 i가 5V이면 신호값을 읽는다.
          tone(8, notes[i], 100);                 // 8번 핀에 주파수를 출력한다.
       delay(100);
       noTone(8);
       }
   }
}
```

이번 실습은 피아노 건반 대신 스위치를 사용하였지만 택트 스위치의 기능을 응용하면 실제 피아노처럼 만들수 있으며, 스케치에서 딜레이와 주파수 설정값을 조정하면 아두이노로 음악 연주까지 할 수 있는 여러 가지 방법으로 응용 가능한 실습이다.

12 카운터 사용하기

1) 실습 내용

물건의 개수를 세거나 만보계 등에 사용되는 카운터를 택트 스위치를 이용해서 만들어본다.

카운터 입력으로 정해진 택트 스위치를 5회 이상 누르면 LED가 ON 되게 한다. 정해진 회로도의 핀(Pin) 맵을 보고 아두이노 우노 보드와 빨간 LED, 택트 스위치, 저항을 이용하여 실습 회로를 구성한다.

2) 아두이노와 부품 연결

아두이노 우노 핀(Pin)	부품	비고
D5	택트 스위치	풀다운
D6	LED +	
GND	LED -	저항 추가

[표 3-13] 부품 연결

3) 실습 준비물

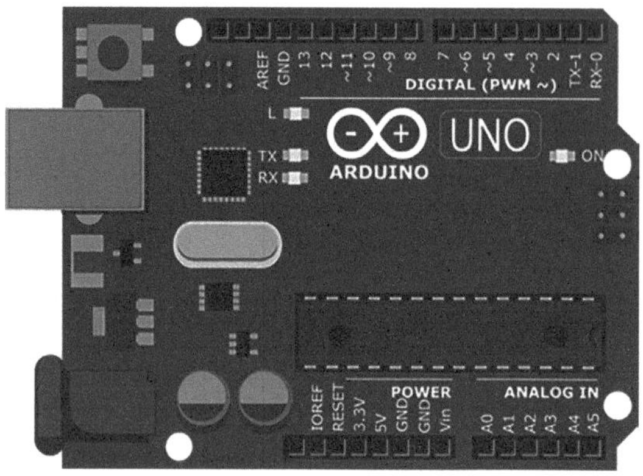

아두이노 우노

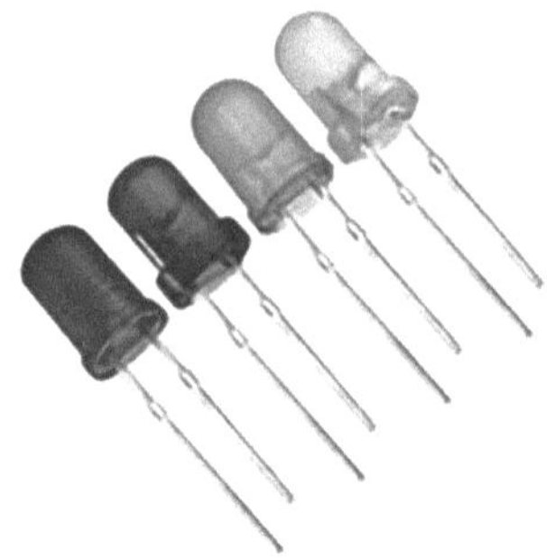

LED

저항

택트 스위치

4) 실제 회로 구성

[그림 3-20] 회로 구성

5) 실습 코드

```
int LED = 6;                    // LED 출력 핀(Pin)은 6번
int TactSW = 5;                 // 스위치 입력 핀(Pin)은 5번

int KeyIN_Check = 0;            // Key 입력 확인용
int KeyIN_Counter = 0;          // 스위치 Key 입력 카운터 설정

void setup(){                   // 초기화 부분
   pinMode(LED,OUTPUT);    // LED 출력 설정
   pinMode(TactSW,INPUT_PULLUP);          // 택트 스위치 풀업 입력 설정
}
/* 택트 스위치와 LED를 이용한 카운터 동작 실습. */
void loop(){                    // 무한 반복 구간
   if(digitalRead(TactSW) == LOW        // 만약 택트 스위치가 ON이 되고(풀업)
      && KeyIN_Check  == LOW){          // key 입력 확인이 LOW 상태이면
KeyIN_Check = HIGH;             // 키 입력 상태를 HIGH로 변경한다
KeyIN_Counter++;                // 키 입력 1증가 카운터
   }
      else{                     // 만약 택트 스위치가 OFF가 되면
KeyIN_Check = LOW;              //  키 입력 상태를 LOW로 변경한다
   }

   if(KeyIN_Counter >= 5){     // 만약 키 입력을 5회 이상했다면
digitalWrite(LED,HIGH);         // LED를 ON을 시키고
   }

      else{                     // 만약 키 입력을 5회 이상한 것이 아니면
      digitalWrite(LED,LOW);  // LED를 OFF 상태로 유지한다
   }
}
```

6) 사용 함수

(1) pinMode(pin, mode)

핀(Pin)의 상태를 입력(Input) 혹은 출력(Output)으로 설정한다. 하나의 핀(Pin)에서는 한 가지 기능만 설정할 수 있기 때문에 한 가지 기능의 일만 할 수 있다. 일부 기능 핀(Pin)을 제외하고는 기본적으로 입력 또는 출력 기능으로만 사용이 가능하다.

(2) digitalWrite(pin, value)

셋업에서 설정된 해당 디지털 핀(Pin)에 출력을 한다. HIGH(보통 5V)를 지정하면 5V 출력을 발생하고 LOW(보통 0V)를 지정하면 0V가 발생되어 출력된다.

(3) digitalRead(pin)

셋업에서 설정된 해당 디지털 핀(Pin)의 신호값을 읽어내는 기능이다. 읽어오는 값으로는 HIGH(보통 5V) 또는 LOW(보통 0V)를 읽어 오게 된다.

13 인체 감지 센서(PIR) 사용하기

인체 감지 센서는 PIR 센서(Passive InfraRed Sensor)라고도 한다.

사람과 동물들은 기본적으로 열을 방출하는 발열체이다. 그리고 이때 열을 방출하면서 피부에서 열적외선(Termal infrared IR)을 방출하게 된다. 즉 일정한 양의 인체 감지 센서는 이러한 열적외선을 센싱(감지)하여 동작을 하게 된다. 그리고 센싱 동작은 사람이나 동물들의 움직임이 발생할 때 이를 감지하게 되는데 이는 사람이나 동물 등의 움직임을 감지한다는 것이다. 다시 말해서 사람이나 동물 등이 센서의 감지 범위 안에 있어도 만약 움직이지만 않는다면 센서 감지가 안 된다는 것을 말한다.

1) 실습 내용

인체 감지 센서를 아두이노 보드에 연결한 후 인체 감지 센서가 인체의 움직임 등을 감지하면 LED를 ON 하도록 한다.

2) 아두이노와 부품 연결

아두이노 우노 핀(Pin)	부품	비고
D2	인체 감지 센서 신호	
VCC	VCC	
GND	GND	
D12	LED +	
GND	LED -	저항 추가

[표 3-14] 부품 연결

3) 실습 준비물

아두이노 우노

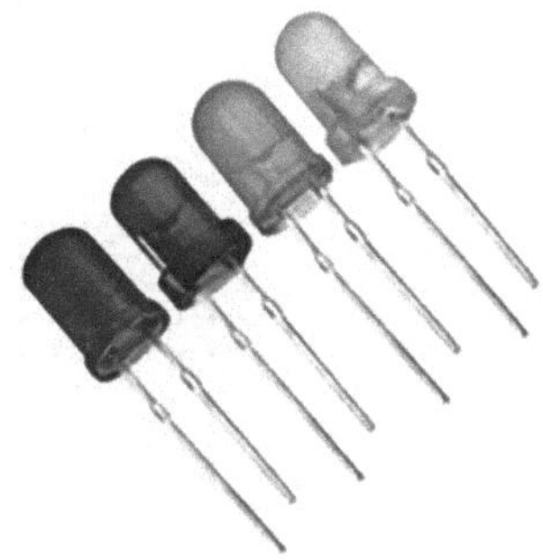

LED

저항

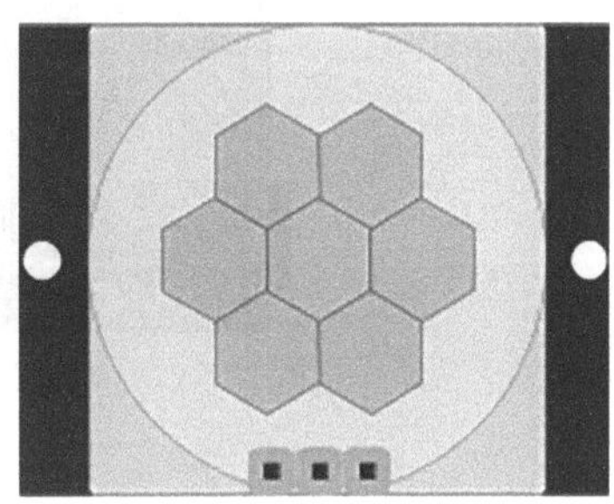

인체 감지 센서

4) 실제 회로 구성

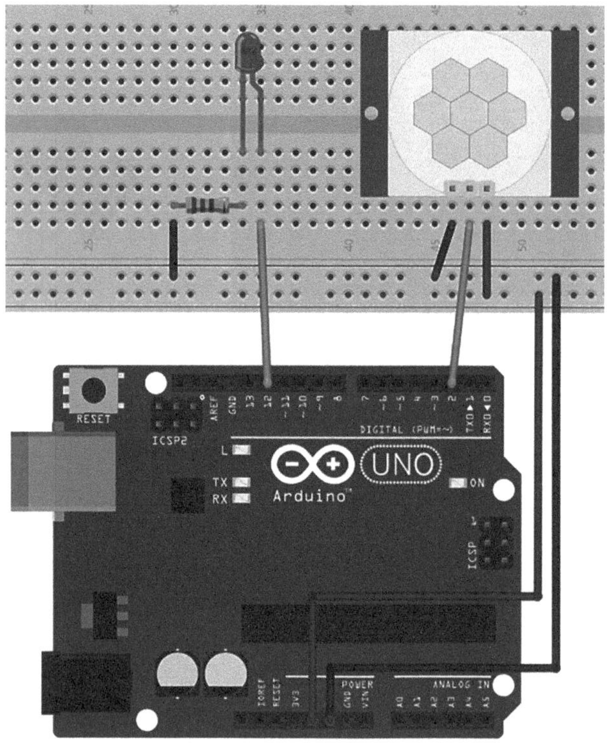

[그림 3-21] 회로 구성

5) 실습 코드

```
int LED = 12;
int pir = 2;
int val = 0;

void setup()
{
pinMode(LED, OUTPUT);                // 적색 LED 출력 지정
pinMode(pir, INPUT);                 // 인체 감지 센서의 신호를 입력 지정
Serial.begin(9600);
}

void loop() {
  val=digitalRead(pir);              // 인체 감지 센서에서 감지된 신호를
                                        디지털 입력 신호로 읽은
                                     // 값을  val 변수로 반환(저장)
  Serial.println(val);               // 시리얼 모니터에 val값을 표시

if(val == HIGH){                      // 만약 val에 저장된 값이 HIGH가 되면
                                        (인체가 감지되면)
  digitalWrite(LED,HIGH);            // LED를 ON
  delay(10);
}
  else{                              // 만약 그렇지 않으면
     digitalWrite(LED,LOW);          // LED를 OFF
     delay(50);
     }
  }
```

PART

4

아날로그 입출력

아두이노를 활용한 재미있는 코딩 수업

4 아날로그 입출력

1 가변저항을 이용한 아날로그 센서값 읽기

아날로그 입력에 사용하는 전자 부품은 광센서, 온도 센서, 거리 센서 등 다양한 부품들이 있다. 그중에서도 아날로그 입력 신호를 간단하게 사용할 수 있는 부품이 가변저항이다.

가변저항은 전기회로의 소자로서 회로에 흐르는 전류를 주어진 범위 내에서 다양하게 변화시킬 수 있는 저항이다.

가변저항(Potentiometer)은 전기 전자회로에서 저항값을 고정시키는 것이 아니라 임의로 변경하며 바꿀 수 있는 저항기를 말한다.

가변저항을 사용하여 저항값을 변경하게되면 회로에 흐르는 전류의 크기도 바뀌게 된다.

가변저항의 원리는 우리가 수도꼭지를 틀거나 잠그면서 수돗물의 양을 조절할 수 있는 것처럼 아날로그 타입 라디오의 볼륨을 돌리면서 스피커 소리 크기를 조절할 수 있다. 그리고 수도꼭지를 돌리면 수도관의 단면적이 변하면서 흘러나오는 수돗물의 양이 크거나 또는 작게 조절되는 것과 같이 라디오 볼륨을 돌리면서 회전시키면 회로에 흐르는 전류의 크기를 변화시킬 수 있다.

이러한 동작 행위는 결국 라디오 회로에 장착된 가변저항을 조절하는 것이다.

1) 실습 내용

이번 실습에서는 아두이노 보드 1개, 브레드보드 1개, 10K 가변저항 1개, 점퍼케이블을 이용하여 실습 회로를 구성한다. 가변저항에는 세 개의 핀이 있다.

가변저항의 연결 핀에는 극성이 없어서 플러스와 마이너스를 신경 쓰지 않아도 된다. 그러므로 양쪽 끝에 있는 핀 중에서 하나는 GND 그리고 나머지 하나는 5V 전원에 연결하고 가운데 핀을 아날로그 입력 핀인 A0포트에 연결 케이블을 이용해서 연결한다. 회전 위치 정보를 가변 전압으로 변환하는 가변저항을 사용하여 아날로그 센서값을 읽어 오는 실습을 한다.

2) 아두이노와 부품 연결

아두이노 우노 핀(Pin)	부품	비고
GND	가변저항 GND	
아날로그 A0	가변저항 제어	
5V	가변저항 VCC	

[표 4-1] 부품 연결

3) 실습 준비물

아두이노 우노

가변저항

저항

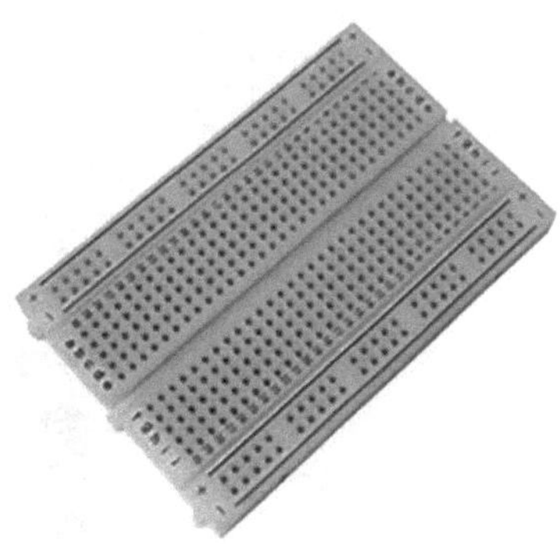

브레드보드

4) 실제 회로 구성

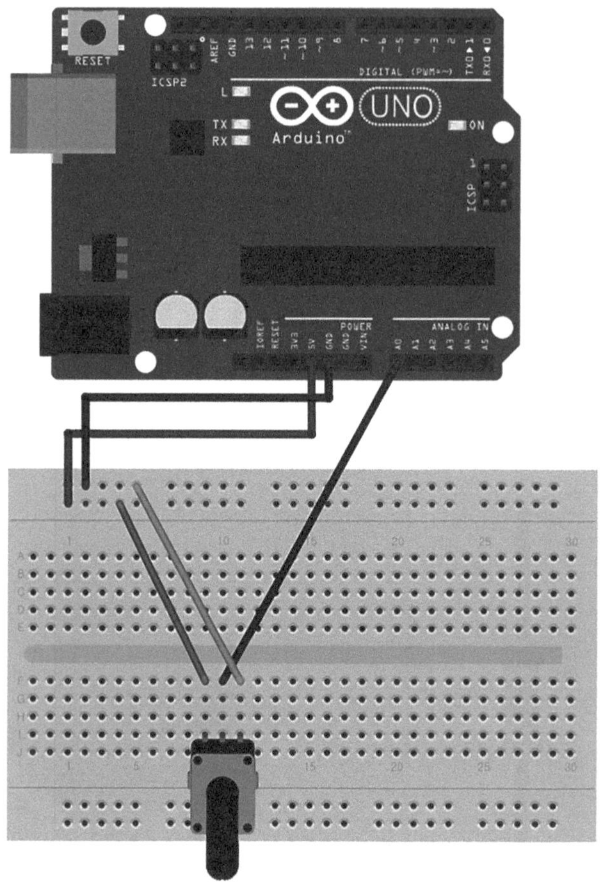

[그림 4-1] 회로 구성

5) 실습 코딩

```
/*가변저항의 저항 변화값을 시리얼 모니터로 출력*/
#define R 10000                  // 가변저항의 총 저항값 정의
void setup()
Serial.begin(9600);              // 9600bps로 시리얼 통신 시작
Serial.println("Serial Com start");       // 시리얼 통신 시작 문자 출력
}
void loop()
{
  int val=analogRead(A0);        // 아날로그 A0에서 값을 읽어서 변수 val에 저장
  int resistor=map(val,0,1023,0,R);       // map함수를 사용해서 읽어 온
                                          // 아날로그값을 저항값으로 변환
  Serial.print("Resistor value: ");       // 저항값 시리얼 모니터링 출력
  Serial.print(resistor);
  Serial.println("ohm");
  delay(200);
}
```

6) 코드 설명

analogRead(핀 번호)는 아날로그의 입력값을 읽어 오는 함수이다.

아두이노 우노의 경우 6개(A0~A5)의 10bit ADC(Analog to Digital Converter) 기능이 내장되어 있다. 따라서 아날로그 핀(A0~A5)으로 입력되는 0~5[V]의 신호까지 다시 말해서 0~1023까지의 1024단계를 기준으로 정숫값으로 변환한다는 것을 의미한다.

그리고 0은 0V를 의미하며, 1023은 5V를 의미한다. 그렇기 때문에 코드 작성

에서 값들의 변환하는 과정이 포함되어 있다. 그리고 ADC는 아날로그 값들을 디지털 값으로 변환하는데 일정 시간이 필요한다.

참고로 아두이노에서는 아날로그 입력값을 읽어 오는데 약 0.001초(100마이크로)의 시간이 소요된다.

map( ) 함수는 특정 범위를 다른 범위의 값으로 비례해서 변경할 때 이용한다.

사용하고 있는 가변저항의 출력 범위는 0~1023이므로 쉽게 변화되는 범위를 바꿔줄 수 있다. 문법 구조는 map(value, fromLow, fromHigh, toLow, toHigh) 형태로 사용한다.

이때 사용하는 매개변수에 대해서 설명하자면

- value: 변화시킬 변수
- fromLow: 변화시킨 변수의 최솟값
- fromHigh: 변화시킨 변수의 최댓값
- toLow: 변화될 범위의 최솟값
- toHigh: 변화될 범위의 최댓값

따라서 코딩에서 사용된 map(val,0,1023,0,R)의 의미는

- value: 변화시킬 변수는 val이고
- fromLow: 변화시킨 변수의 최솟값은 0부터
- fromHigh: 변화시킨 변수의 최댓값은 1023 이다.
- toLow: 변화될 범위의 최솟값은 0부터
- toHigh: 변화될 범위의 최댓값은 "#define R 10000 // 가변저항의 총 저항값 정의" 이므로 10,000이 된다.

결론은 가변저항에서 읽어 오는 값인 0~1023의 값은 0~10,000까지로 변환된다. 따라서 가변저항의 손잡이를 천천히 돌리며 시리얼 모니터링을 해보면 0부터 10,000까지 변화된 값이 시리얼 모니터링 된다는 것을 알 수 있다.

시리얼 모니터로 출력값 확인하기 위해서는 다음 그림과 같이 툴바에 있는 툴 → 시리얼 모니터를 클릭하면 시리얼 모니터 창이 나타난다.

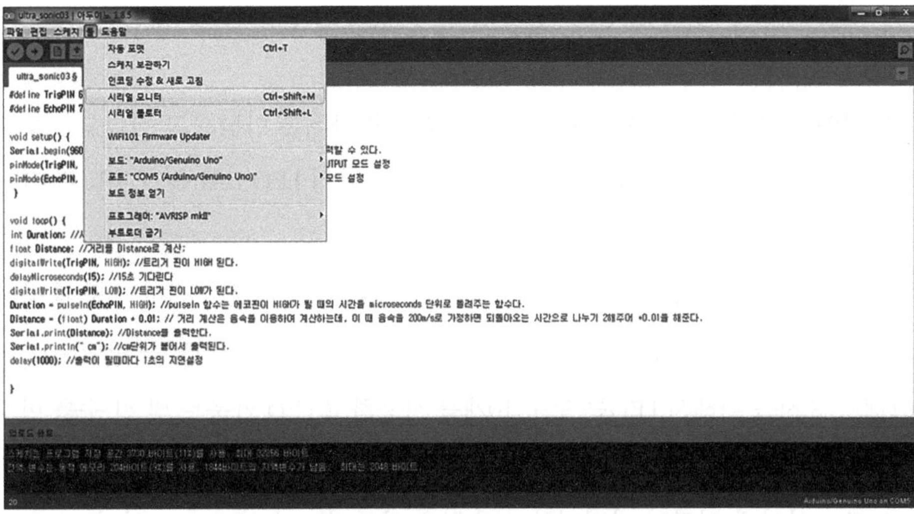

[그림 4-2] 시리얼 모니터 들어가기

7) 가변저항값 시리얼 모니터링 결과

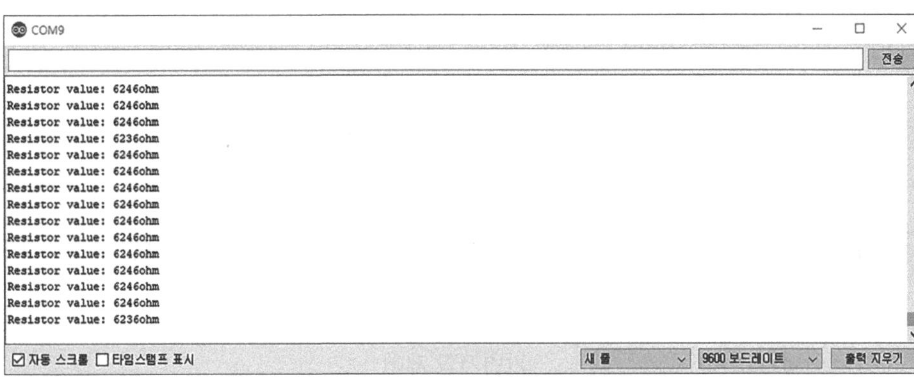

[그림 4-3] 시리얼 모니터링 화면

2 가변저항으로 LED 바 그래프 표시하기

1) 실습 내용

이번에는 가변저항의 값을 계속 변경하면서 변화되는 아날로그 입력값을 모니터링 표시하기 위해서 LED들로 BAR를 만들고 마치 LED BAR를 모니터링 그래프처럼 표시하는 실습이다.

이번 실습에서는 LED로 Bar graph를 만들기 위해 아날로그 센서의 값에 따라 일렬로 LED를 켠다. 이러한 방법은 막대 그래프를 표시하는 간단한 방법으로 이 그래프 표시를 위해서 LED는 모두 10개를 사용하고 LED 카운트 및 핀 수를 변경하여 바의 크기를 정한다.

0~5[V] 사이에 연결된 가변저항의 출력을 아두이노의 아날로그 입력 A0에 연결하고 가변저항으로부터 입력된 아날로그 전압 값을 실시간으로 읽어 온다. 이 방법을 사용하여 일련의 디지털 출력을 제어할 수 있다. 요약하면 변화되는 아날로그 저항값을 10개의 LED로 만든 BAR 형태의 그래프 표시 장치에서 ON/OFF 표시를 하게 된다.

2) 아두이노와 부품 연결

아두이노 우노 핀(Pin)	부품	비고
GND	가변저항 GND	
아날로그 A0	가변저항 제어	
5V	가변저항 VCC	
D2부터 D11까지 10개	LED +	
GND	LED -	저항 추가

[표 4-2] 부품 연결

3) 실습 준비물

아두이노 우노

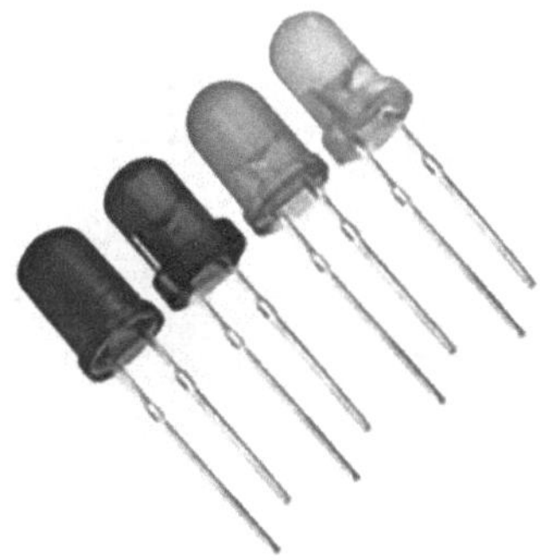

LED

저항

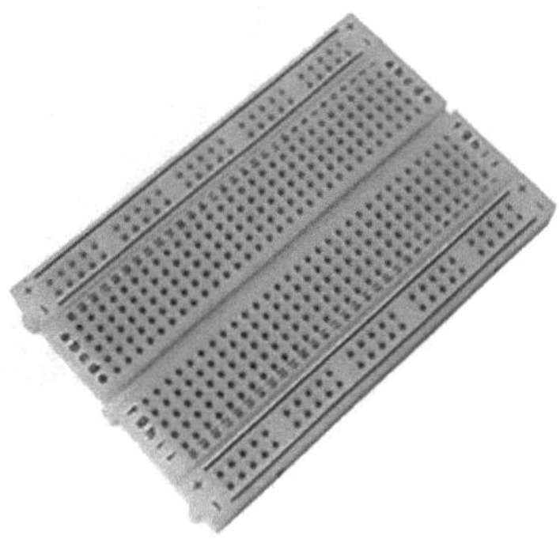

브레드보드

4) 실제 회로 구성

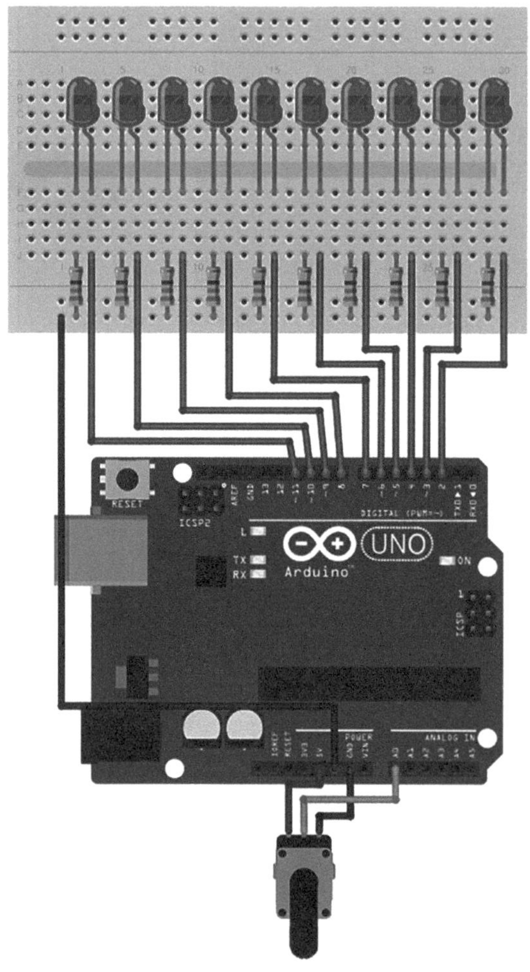

[그림 4-4] 회로 구성

5) 실습 코드

```
const int analogPin = A0;       // 가변저항의 아날로그 값을 아두이노 보드의
                                   A0로 연결
const int ledCount = 10;        // LED bar graph의 숫자 10으로 설정

int ledPins[ ] = {  2, 3, 4, 5, 6, 7, 8, 9, 10, 11};
                                // 아두이노 보드의 핀의 배열 번호
                                //설정  2번부터 11번으로 연결

void setup() {// 모든 출력 설정
  for (int thisLed = 0; thisLed < ledCount; thisLed++) {
      pinMode(ledPins[thisLed], OUTPUT);
  }
}

void loop() {
  int sensorReading = analogRead(analogPin);
                                // 가변저항의 아날로그 값을  읽어와서
                                // sensorReading이라는 변수에 저장

int ledLevel = map(sensorReading, 0, 1023, 0, ledCount);
// ledLevel이라는 변수에 map(sensorReading, 0, 1023, 0, ledCount)라는 값을
저장
```

```
  for (int thisLed = 0; thisLed < ledCount; thisLed++) {
                                    // 인덱스가 배열보다 작은 경우
                                    // 핀들을 ON
      if (thisLed < ledLevel) {
        digitalWrite(ledPins[thisLed], HIGH);
      }
                                    // 핀들을 OFF
      else {
        digitalWrite(ledPins[thisLed], LOW);
      }
  }
}
```

3 가변저항으로 LED 밝기 조절하기

이번 실습은 아날로그 값을 이용해서 LED의 밝기를 점차적으로 변화시켜 보는 실습이다. 아두이노 보드의 핀 번호에 (~) 표시가 붙어 있는 핀(PWM)을 사용한다.

1) PWM이란?

PWM은 Pulse With Modulation의 약자이며, 펄스 폭 변조라고 한다. 아두이노는 디지털 기기이기 때문에 입력 신호도 출력 신호도 기본적으로는 디지털 신호만 가능한다. 하지만 몇 가지 다른 방법을 이용하여 디지털 신호를 아날로그로 변환하여 출력할 수 있다. 그중 하나가 바로 PWM이다. 디지털 신호는 HIGH와

LOW이다. 아두이노에서는 5v와 0v라고 생각할 수 있다. 아두이노에서는 일정 시간 동안 5v 신호를 출력했다가 0v 신호를 출력할 수 있다. 이러한 반복 중 1회 반복을 1주기라고 한다. 그리고 이렇게 하면 5v와 0v, 즉 HIGH와 LOW만 표현이 된다. 다시 말해서 디지털 신호밖에 표현하지 못하게 된다.

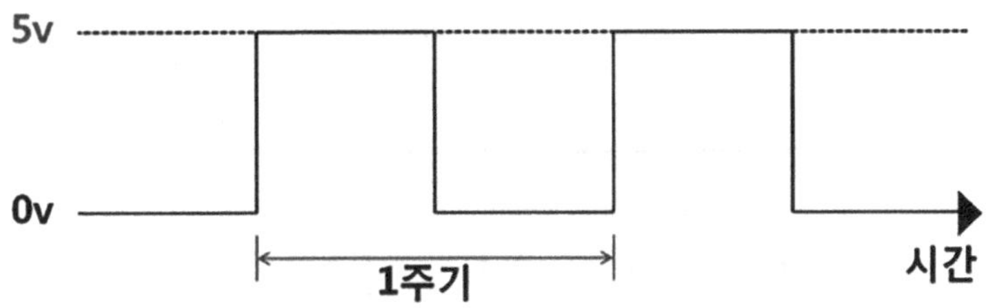

[그림 4-5] PWM의 1주기(1 cycle)

그리고 지금 실험에서 원하는 것은 다양한 숫자의 표현인 아날로그 신호 표현을 원하고 있다. 따라서 다음 그림처럼 5v의 폭을 바꾸어서 다양한 숫자를 표현하려 한다. 그림과 같이 5v의 폭을 25%, 50%, 75% 등으로 다양하게 바꾸어 아날로그 신호를 나타낼 수 있다. 즉 이런한 방법을 이용하면 0부터 255까지의 숫자를 표현할 수 있게 되는 것이다.

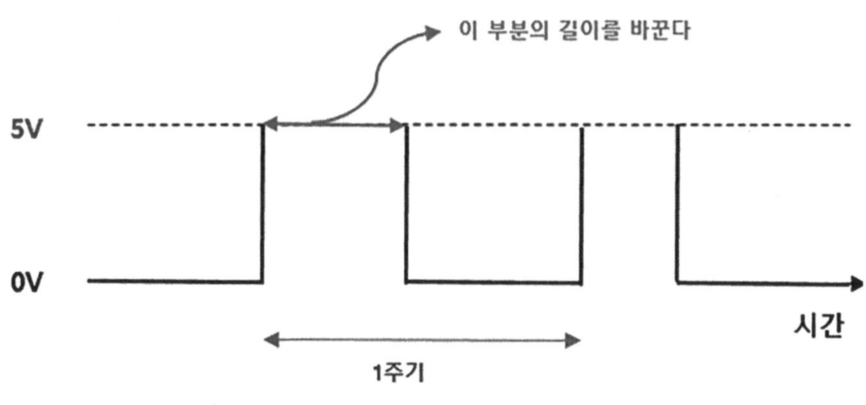

[그림 4-6] 폭 변경

다시 말해서 폭이 25%일 때는 64라는 값을 나타내고, 폭이 50%일 때는 127이라는 값을, 폭이 75%일 때는 191이라는 값을, 폭이 100%일 때는 255라는 값을 나타내는 방식이다. 이러한 비율을 듀티 비라고 한다.

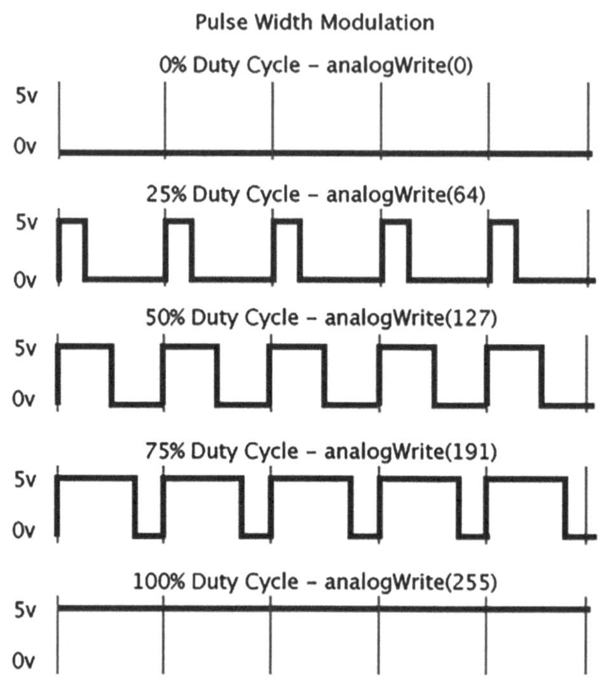

출처: https://www.arduino.cc/en/Tutorial/PWM

[그림 4-7] 듀티 비

2) 실습 내용

0과 1(ON/OFF)이 아닌, 다양한 값을 가지는 아날로그 출력값을 LED 밝기로 모니터링하는 실습이다. 따라서 PWM 기능이 있는 아두이노 보드의 출력 핀을 사용해야 하기 때문에 아두이노 보드의 PWM 기능 핀 중에서 5번 핀을 사용한다. 가변저항의 손잡이를 돌리면 아날로그 값이 변화되고 이에 따라서 LED 밝기가 변화되는 것을 확인할 수 있다.

3) 아두이노와 부품 연결

아두이노 우노 핀(Pin)	부품	비고
GND	가변저항 GND	
아날로그 A0	가변저항 핀 제어 신호	
D5(~)	LED	
GND	LED -	저항 추가

[표 4-3] 부품 연결

4) 실습 준비물

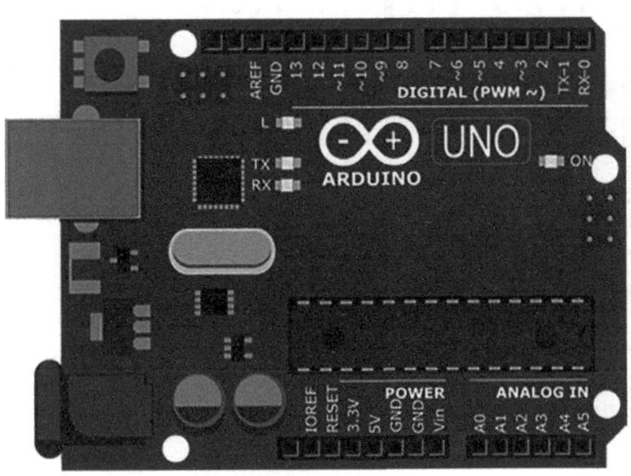

아두이노 우노

LED

저항

가변저항

5) 실제 회로 구성

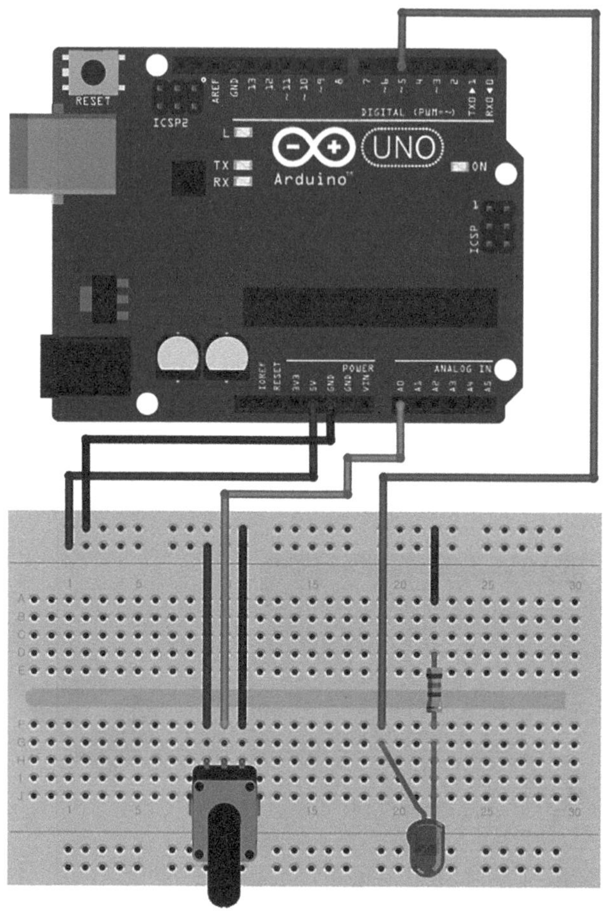

[그림 4-8] 회로 구성

6) 실습 코드

```
int ledPin = 5;                    // led 연결 핀을 아두이노 5번으로

void setup (){
  pinMode(ledPin, OUTPUT); // ledPin을 출력으로 설정
  Serial.begin(9600);          // 시리얼 모니터 통신 준비
}

void loop(){                       // 반복시키는 함수
 int analogInput = analogRead(A0);   // A0로 입력되는 아날로그 값을
                                       // analogInput이라는
                                       // 변수에 저장
 int brightness = map(analogInput, 0, 1023, 0, 255);

// Brightness라는 변수에 map(analogInput, 0, 1023, 0, 255)라는 값을 저장
// map 함수는 값을 바꾸어 주어야 할 때 사용하는 함수이며
// 아날로그 입력은 0부터 1023까지 분해능을 가진다.
// 따라서 0V~5V의 입력 신호를 0부터 1023까지 1024단계로 입력을 받을 수 있다.
// 아날로그 출력은 0부터 255까지의 분해능을 가진다.
// 0V부터 5V까지를 0부터 255까지로 255단계로 분해해서
// 출력 신호로 내보낼 수 있다는 말이다. 따라서 입력 신호의 분해능과
// 출력 신호의 분해능을 매핑해서 Brightness라는 변수에 저장
// 1023/4는 약 255이므로 Brightness = analogInput / 4라고 해도 가능하다.


  analogWrite(ledPin, brightness);      // brightness 저장값을 ledPin으로 보내기
                                       // 5번 ledPin에 연결된 led의 밝기가 변한다.
  Serial.println(brightness);           // 시리얼 모니터에 brightness의 값을 표시
}
```

프로그램 업로드 후 시리얼 모니터를 클릭해서 모니터 창에서 아날로그 입력 값을 모니터링한다.

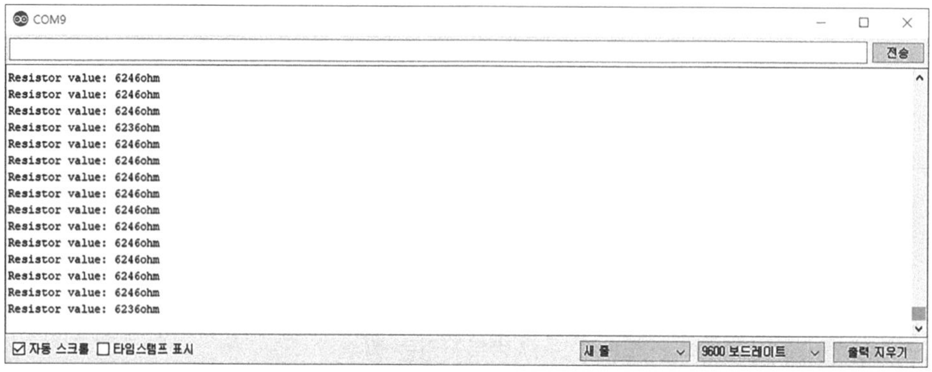

[그림 4-9] 회로 구성

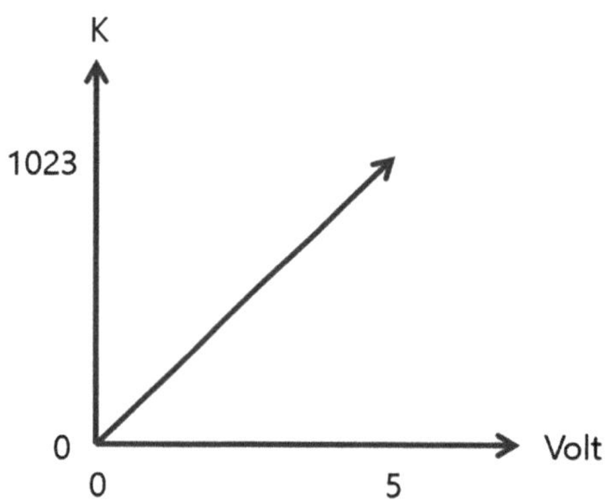

[그림 4-10] 입력 분해능

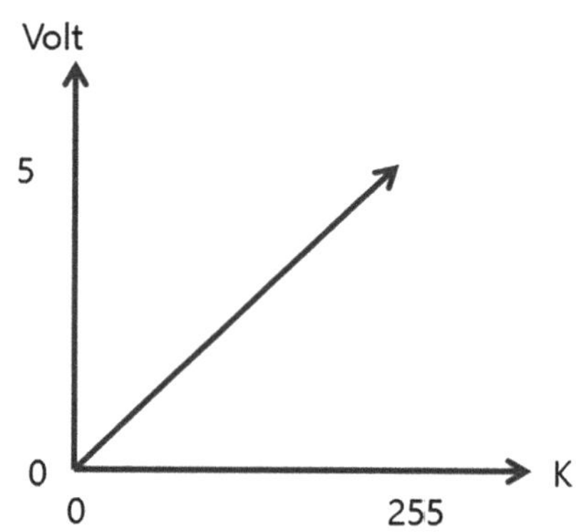

[그림 4-11] 출력 분해능

4 가변저항을 이용해서 LED(RGB)를 무지개색으로 변화시키기

이번에는 가변저항을 이용해서 RGB LED의 표시 색의 밝기와 색깔을 변화시켜보는 실습이다.

한쪽 방향으로만 전류가 흐르도록 되어 있는 반도체 소자를 다이오드라 한다. 그리고 다이오드 중에 전기 에너지를 빛 에너지로 변환하는 것을 발광 다이오드 다시 말해서 LED(Light Emitting Diode)라 하며 이번 실습에서 사용하는 LED(RGB)는 흔히 3색 LED라고 하며 이러한 3색 LED는 다양한 색상의 LED 중에서 적색, 초록색, 파란색 이러한 3개의 LED를 하나의 LED로 합쳐서 만들어진 LED를 3색 LED라고 한다. 그리고 이러한 3색 LED는 빛의 3원색인 적색, 초록색, 파란색 3가지 빛의 합성을 이용하여 다양한 색을 표현할 수 있다.

1) 실습 내용

가변저항의 아날로그 출력 신호를 아두이노 보드의 A0로 연결하고 RGB LED는 아두이노의 3번 핀, 5번 핀, 6번 핀에 연결한다. 3번, 5번, 6번 핀을 사용하는 이유는 3, 5, 6 핀이 아두이노 우노 보드의 PWM 제어용 출력 핀으로 지정되어 있기 때문이다.

2) 아두이노와 부품 연결

아두이노 우노 핀(Pin)	부품	비고
GND	가변저항 GND	
아날로그 A0	가변저항 제어	
5V	가변저항 VCC	

아두이노 우노 핀(Pin)	부품	비고
D3(~)	LED R	저항 추가
D5(~)	LED G	저항 추가
D6(~)	LED B	저항 추가
GND	LED GND	

[표 4-4] 부품 연결

3) 실습 준비물

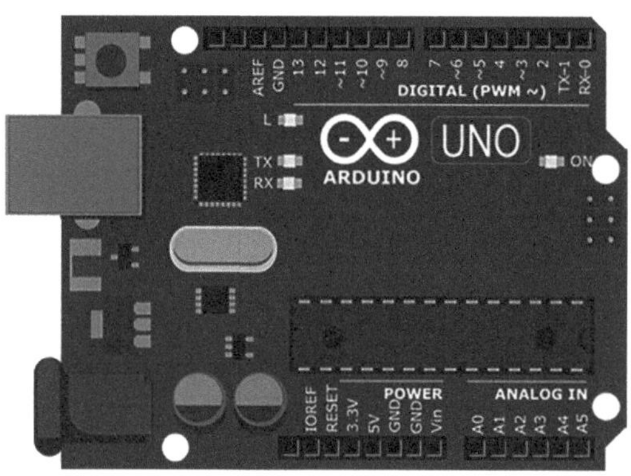

아두이노 우노

3색 LED

저항

가변저항

4) 실제 회로 구성

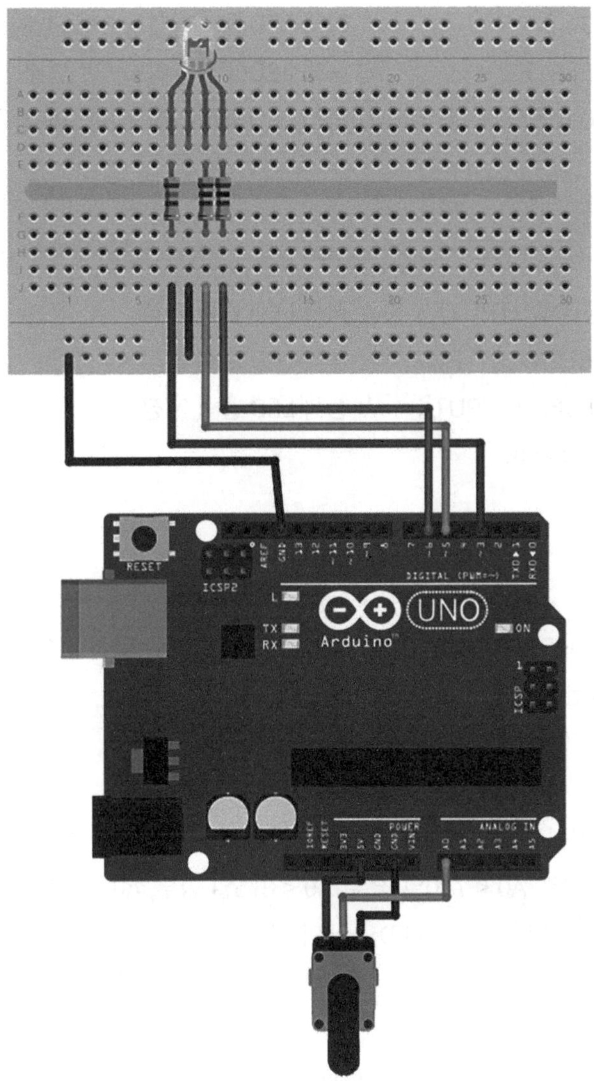

[그림 4-12] 회로 구성

5) 실습 코드

```
#define BLUE 3                 // 청색 LED를 아두이노 3번 연결
#define GREEN 5                // 녹색 LED를 아두이노 5번 연결
#define RED 6                  // 적색 LED를 아두이노 6번 연결

void setup()
{
pinMode(RED, OUTPUT);          // 적색 LED 출력 지정
pinMode(GREEN, OUTPUT);        // 녹색 LED 출력 지정
pinMode(BLUE, OUTPUT);         // 청색 LED 출력 지정
Serial.begin(9600);
}

void loop() {
  int a=analogRead(A0);        // 아날로그(가변저항) 입력을 A0으로 설정
  Serial.println(a);           // 시리얼 모니터 출력
  delay(100);

/* 아날로그 입력값(A0)이  A0 < 145일 경우, A0 < 295일 경우, A0 < 440일 경우,
A0 < 585일 경우,  A0 < 730일 경우, A0 < 875일 경우, A0 < 1020일 경우 LED의
RGB 색이 조합이 되어 전체 LED의 색이 계속 변한다.*/

if(a<145){
      analogWrite(6,255);analogWrite(5,0);analogWrite(3,0); //
  }
      else if(a<295){analogWrite(6,165);analogWrite(5,90);analogWrite(3,0);
  }
      else if(a<440){analogWrite(6,127);analogWrite(5,128);analogWrite(3,0);
  }
```

```
        else if(a<585){analogWrite(6,0);analogWrite(5,255);analogWrite(3,0);
  }
        else if(a<730){analogWrite(6,0);analogWrite(5,0);analogWrite(3,255);
  }
        else if(a<875){analogWrite(6,0);analogWrite(5,90);analogWrite(3,165);
  }
else if(a<1020){analogWrite(6,0);analogWrite(5,127);analogWrite(3,128);
  }
  }
```

5 RGB 3색 LED 자동으로 밝기와 색깔 변화시키기

이번에는 프로그램 업로드 후 자동으로 RGB LED의 표시 색이 변화되는 실습이다.

1) 실습 설명

RGB LED는 1개를 사용하며 아두이노의 3번 핀, 5번 핀, 6번 핀에 LED를 연결한다. 3번, 5번, 6번 핀을 사용하는 이유는 아두이노 우노 보드의 PWM 제어용 출력핀으로 지정되어 있기 때문이다.

2) 아두이노와 부품 연결

아두이노 우노 핀(Pin)	부품	비고
D3(~)	LED R	
D5(~)	LED G	
D6(~)	LED B	
GND	RGB LED GND	저항 추가

[표 4-5] 부품 연결

3) 실습 준비물

아두이노 우노

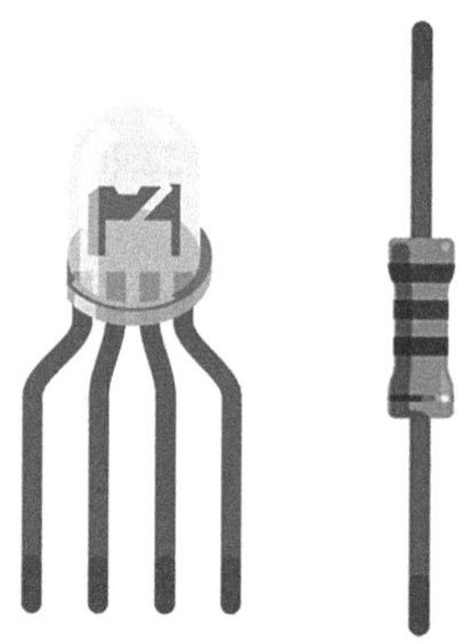

3색 LED와 저항

4) 실제 회로 구성

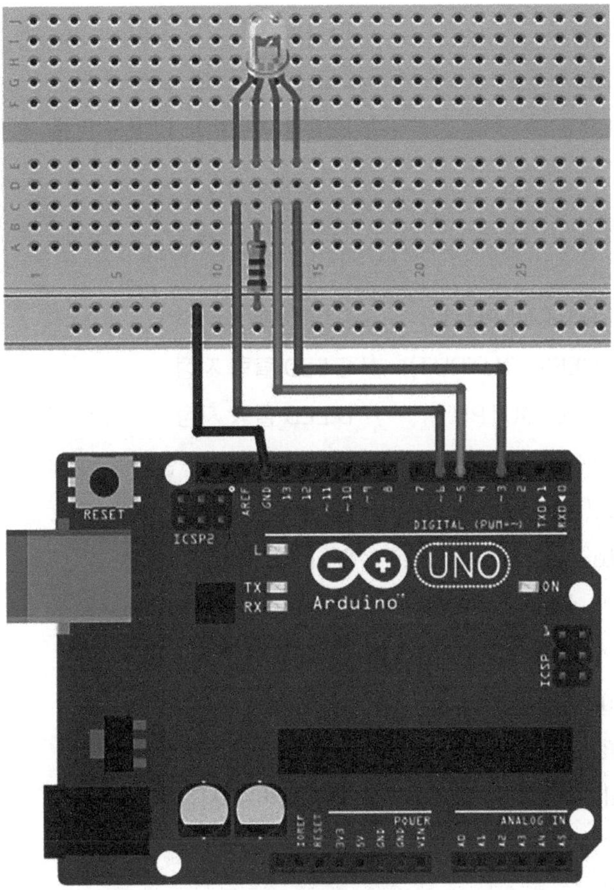

[그림 4-13] 회로 구성

5) 실습 코드

```
#define BLUE 3                  // LED를 아두이노 3번(~) 연결
#define GREEN 5                 // LED를 아두이노 5번(~) 연결
#define RED 6                   // LED를 아두이노 6번(~) 연결

void setup()
{
pinMode(RED, OUTPUT);           // R LED 출력 지정
pinMode(GREEN, OUTPUT);         // G LED 출력 지정
pinMode(BLUE, OUTPUT);          // B LED 출력 지정
digitalWrite(RED, HIGH);        // R LED 초기 ON 설정
digitalWrite(GREEN, LOW);       // G LED 초기 OFF 설정
digitalWrite(BLUE, LOW);        // B LED 초기 OFF 설정
}

int redValue;                   // REDd 변수 지정
int greenValue;                 // GREEN 변수 지정
int blueValue;                  //  BLUE 변수 지정

void loop()
{
#define delayTime 10

redValue = 255;                 // RED 변숫값 255 지정
greenValue = 0;                 // GREEN 변숫값 0 지정
blueValue = 0;                  // BLUE 변숫값 0 지정

for(int i = 0; i < 255; i += 1) // i=255가 되면 적색은 꺼지고 녹색이 ON
{
```

```
redValue -= 1;
greenValue += 1;

analogWrite(RED, redValue);
analogWrite(GREEN, greenValue);
delay(delayTime);
}

redValue = 0;
greenValue = 255;
blueValue = 0;

for(int i = 0; i < 255; i += 1)     // i=255까지 증가하면서
{
greenValue -= 1;                   // greenValue는 1씩 감소
blueValue += 1;                    // blueValue는 1씩 증가

analogWrite(GREEN, greenValue);
analogWrite(BLUE, blueValue);
delay(delayTime);
}

redValue = 0;
greenValue = 0;
blueValue = 255;

for(int i = 0; i < 255; i += 1)     // i=255이 되면 청색이 꺼지고 적색이 ON
{

blueValue -= 1;
redValue += 1;
```

```
analogWrite(BLUE, blueValue);
analogWrite(RED, redValue);
delay(delayTime);
}
}
```

6 택트(Tact) 스위치 2개로 LED 밝기 조절하기

택트 스위치 두 개와 LED 1개를 사용해서 LED의 밝기를 사용자가 원하는 밝기로 조절하는 실습이다.

1) 실습 내용

아두이노 우노의 아날로그 입력 포트인 A0에 연결된 택트 스위치 A를 누르면 아날로그 입력값이 증가해서 LED의 밝기가 밝아지고, 아날로그 입력 포트인 A1에 연결된 택트 스위치 B를 누르면 아날로그 입력값이 감소해서 LED의 밝기가 점점 어두워진다.

아두이노 보드의 3번은 PWM(~) 기능이 내장된 핀이다. 따라서 LED 밝기를 조절하기 위해서 물결무늬가 있는 3번 핀을 LED에 연결한다.

2) 아두이노와 부품 연결

아두이노 우노 핀(Pin)	부품	비고
아날로그 입력 A0	LED R	
아날로그 입력 A1	택트 스위치 B	
5V	풀업 저항	10K 옴
D3(~)	LED +	
GND	LED -	저항 추가

[표 4-6] 부품 연결

3) 실습 준비물

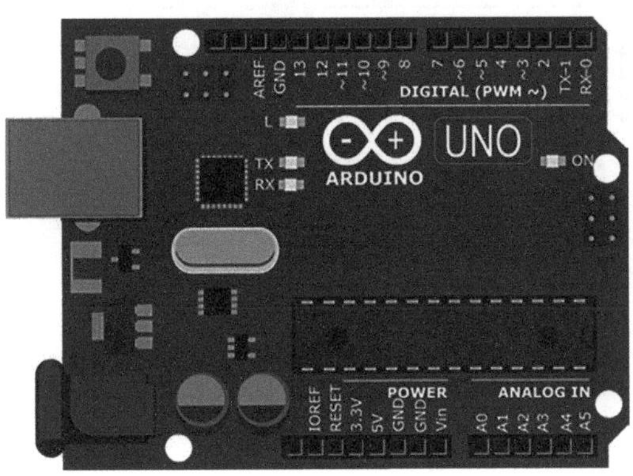

아두이노 우노

LED

저항

택트 스위치

4) 실제 회로 구성

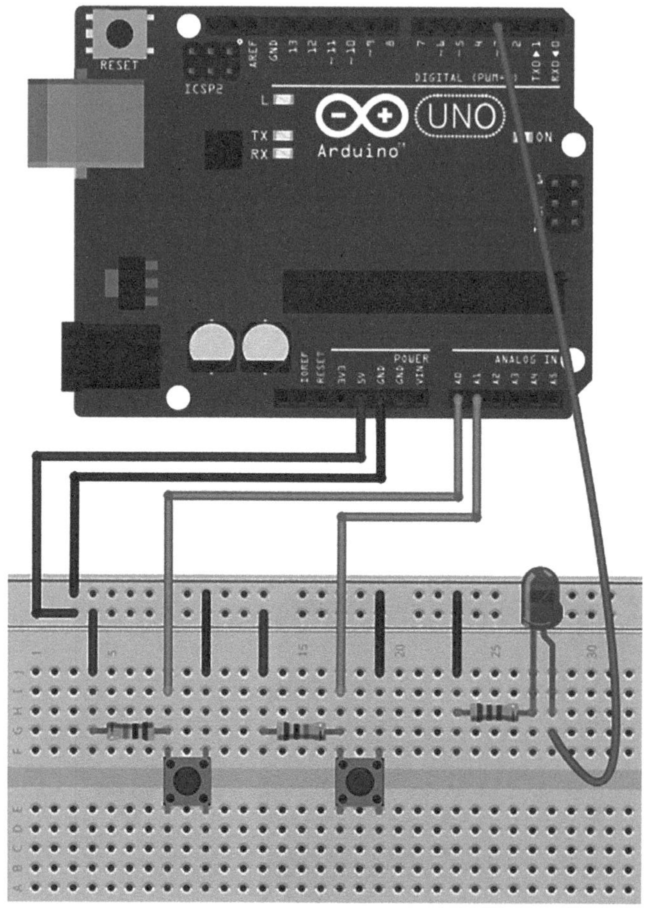

[그림 4-14] 회로 구성

5) 실습 코드

```
int count=125;

void setup() {
  Serial.begin(9600);
  pinMode(A0,INPUT);          // 1번 tact 스위치를 A0 연결
  pinMode(A1,INPUT);          // 2번  tact 스위치를 A1 연결
  pinMode(3,OUTPUT);          // LED를  3번 연결(PWM 출력 핀임)
  }

void loop() {

/*  A0핀으로 입력된(반환된) 아날로그 값을 digitalRead(A0)로 저장(반환)하고
    int a로 반환(전달)한다. A0핀으로 입력된 값은 a로 반환(전달) */

 int a=digitalRead(A0);
 /*  A1핀으로 입력된(반환된) 아날로그 값을 digitalRead(A1)로 저장(반환)하고
     int b로 반환(전달)  */

int b=digitalRead(A1);

if(a==0 && count<250) count=count+5;          // 증가시키기
if(b==0 && count>5) count=count-5;            // 감소시키기
  Serial.println(count);
  int m=map(count,0,255,0,50);          // 0~255 입력값을 0~50으로 변환한다.
  analogWrite(3,m);              // 3번 핀 출력으로 변환된 m값을 write한다.
  delay(100);
}
```

7 온습도 센서를 이용해서 온도와 습도 모니터링하기

온습도 센서는 간단하게 온도와 습도를 동시에 측정할 수 있는 센서로 PCB에 부착하여 만든 모듈이다. 정전식 습도 센서와 써미스터를 사용하여 공기 중의 온도를 측정하고 디지털 신호를 출력한다. 현재 내가 위치한 공간의 온습도를 직접 확인하는 실습이다.

1) 실습 내용

아두이노 보드 1개, 브레드보드 1개, DHT11 온습도 센서 1개, 점퍼 케이블을 이용하여 실습 회로를 구성한다.

DHT11센서는 라이브러리를 이용하여 초보자도 편리하고 손쉽게 사용할 수 있다는 장점이 있다. DHT11 센서의 핀 맵은 제조사마다 다르므로 연결 시 반드시 연결 핀의 기능을 확인한다.

2) 아두이노와 부품 연결

아두이노 우노 핀(Pin)	부품	비고
GND	온습도 센서 모듈 GND	
12번 핀	온습도 센서 모듈 신호(DATA)	
5V	온습도 센서 모듈 VCC	

[표 4-7] 부품 연결

3) 실습 준비물

아두이노 우노

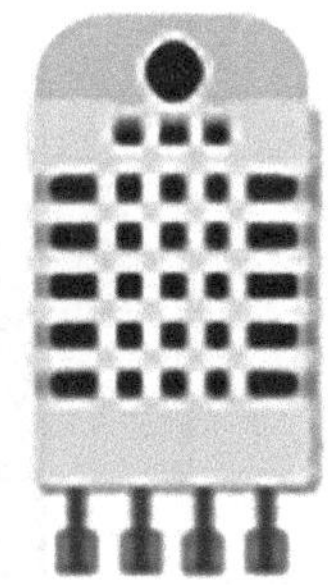

온습도 센서

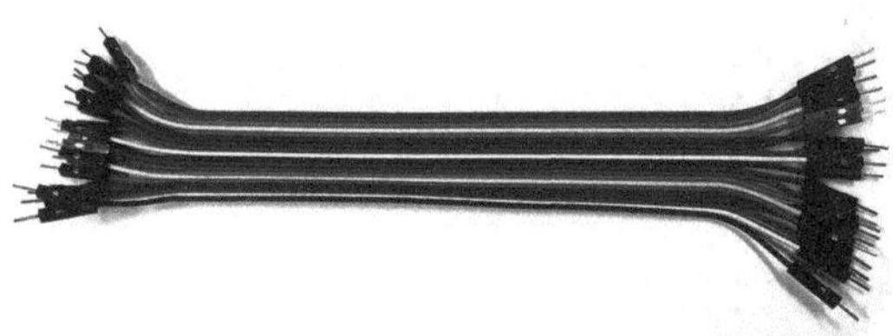

연결 케이블

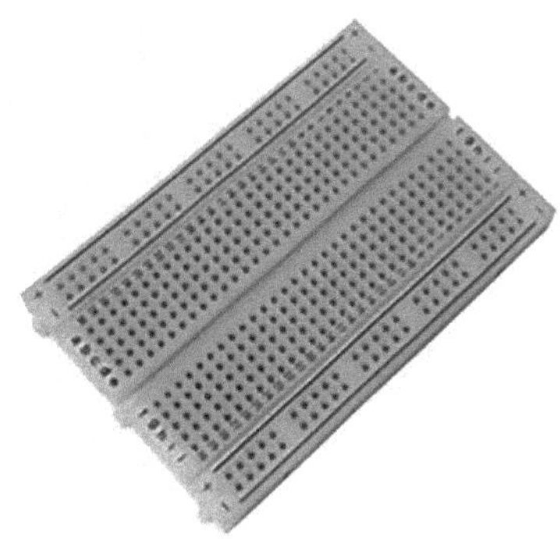

브레드보드

4) 실제 회로 구성

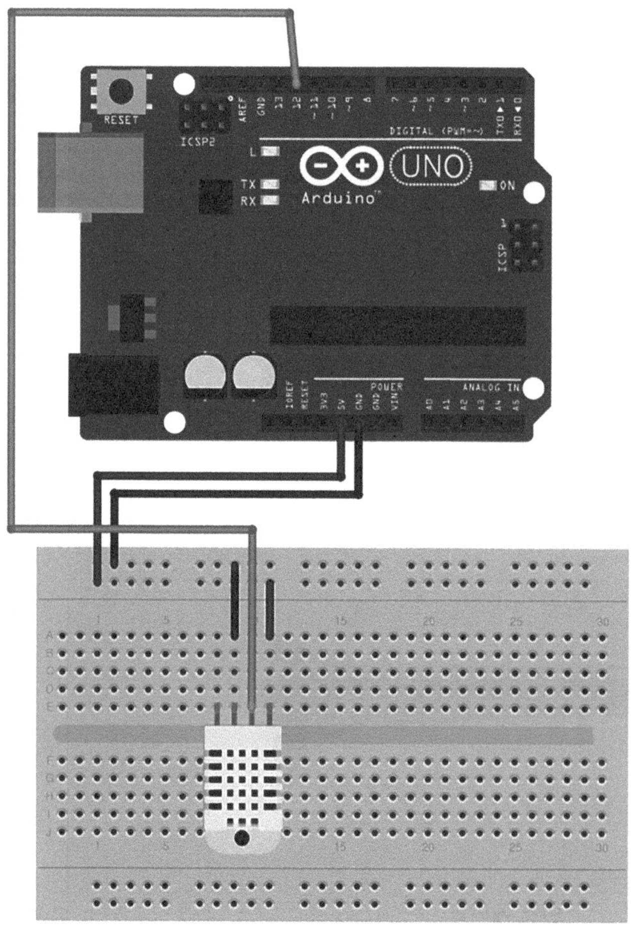

[그림 4-15] 회로 구성

5) 실습 코드

```
#include <DHT11.h>
  DHT11 dht11(12);              // 아두이노 12번 핀으로 데이터 신호 연결

void setup() {
  Serial.begin(9600);
}
void loop() {
  float temp, humi;
  dht11.read(humi,temp);
  Serial.print("Temperature : ");
                                // Temperature: 다음에 temp에서 C가 표시
  Serial.print(temp);
  Serial.print("C ");
  Serial.print("Humidity : ");
                                // Humidity: 다음에 humi%가 나오게 모니터
  Serial.print(humi);
  Serial.println("% ");
}
```

6) 온습도 센서값 모니터링

[그림 4-16] 온습도 시리얼 모니터링 화면

8 초음파 센서 사용하기

아두이노 보드에 초음파 거리 센서를 연결한 후 손바닥 등 초음파를 반사시킬 수 있는 물체로 초음파 센서의 정면으로 다가가고 멀어질 때 측정되는 거리값을 모니터링하는 실습이다.

1) 초음파(Ultra sonic) 거리 센서란?

사람이 들을 수 있는 음파의 범위는 16~20Hz로 20Hz 이상인 음파를 초음파라고 한다. 이러한 초음파를 활용한 거리 센서는 입출력으로 Trig 핀과 Echo 핀으로 구성되어 있는데, 말 그대로 Trig 핀에서 트리거를 이용하여 초음파를 발생시킨다. 이때 물체에 초음파가 닿으면 반작용으로 초음파가 반사되는 메아리 효과가 발생한다. 이러한 메아리는 다시 초음파 센서로 돌아와 Echo 핀으로 들어오게 된다.

따라서 초음파를 발생시키고 다시 돌아오는 시간에 비례하여 측정되는 거리가 증가되고, "거리=속력×시간" 이라는 공식을 이용하여 측정 거리를 알 수 있다.

초음파 거리 센서 HC-SR04

동작 전압	5V
동작 전류	15mA
측정 거리	20mm~4m
측정 각도	15°

[표 4-8] 센서 성능

2) 실습 내용

브레드보드에 초음파 거리 센서를 장착하고 케이블을 이용하여 각각의 포트에 맞게 아두이노 보드와 연결한다. 아두이노 우노 보드에 연결된 초음파 거리 센서에 센싱 가능한 물체가 다가오면 다가오는 거리를 감지하여 감지된 거리값을 출력하게 된다. 이때 시리얼 모니터 기능을 활용하여 물체와의 거리를 확인한다.

3) 아두이노와 부품 연결

아두이노 우노 핀(Pin)	부품	비고
GND	초음파 거리 센서 GND	
5V	초음파 거리 센서 VCC	
13번	초음파 거리 센서 신호 Trigger	
12번	초음파 거리 센서 신호 Echo	

[표 4-9] 부품 연결

4) 실습 준비물

아두이노 우노

초음파 거리 센서

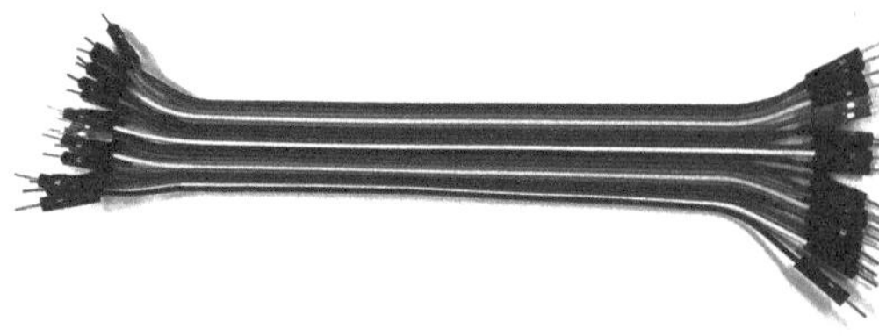

연결 케이블

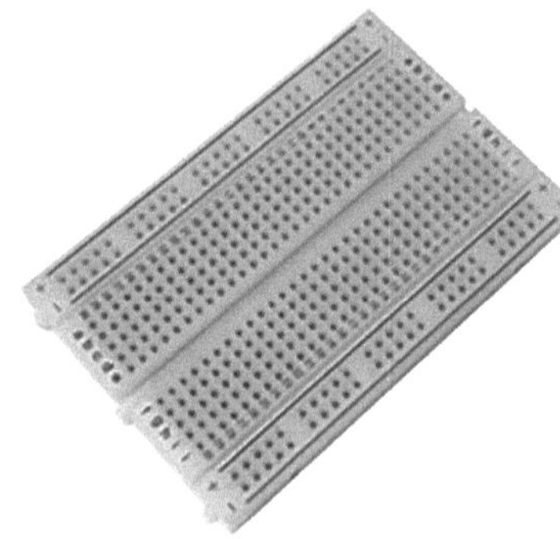

브레드보드

5) 실제 회로 구성

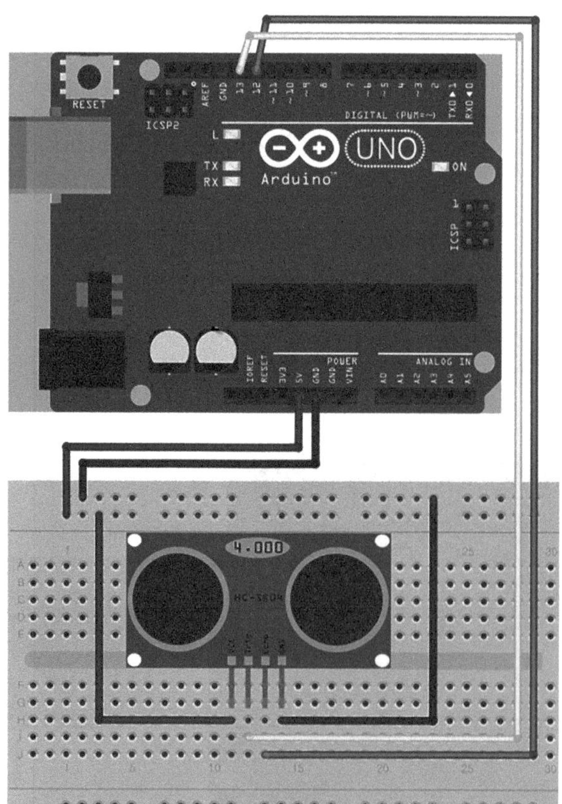

[그림 4-17] 회로 구성

6) 실습 코드

```
#define TrigPIN 13              // 트리거(송신하는 핀) 포트 13번에 연결
#define EchoPIN 12              // 에코(수신하는 핀) 포트 12번에 연결

void setup() {
Serial.begin(9600);             // 실행 결과(거리 감지)를 시리얼 모니터에서
                                  확인 설정
pinMode(TrigPIN, OUTPUT);
// 트리거 핀에서 초음파를 송신하기 위해서 OUTPUT 모드 설정
  pinMode(EchoPIN, INPUT);
// 에코 핀에서 초음파를 수신하기 위해 INPUT 모드 설정
  }

void loop() {
int Duration;                   // 시간 간격을  정수형 Duration으로
float Distance;                 // 측정 거리를 정수형 Distance로 ;
digitalWrite(TrigPIN, HIGH);    // 트리거 핀 HIGH(초음파 발생 ON)
delayMicroseconds(15);          // 15ms 지연 발생
digitalWrite(TrigPIN, LOW);     //트리거 핀 LOW(초음파 발생 OFF)
Duration = pulseIn(EchoPIN, HIGH);
//pulseIn 함수는 echoPin 이 HIGH가 될 때의 시간을 microseconds 단위로
// 돌려주는 함수
Distance = (float) Duration * 0.01;
// 거리 계산은 음속을 이용하여 계산,
//음속을 300m/s로 가정하면 발생 후 수신되는
// 시간으로 나누기 3를 해주고 *0.01을 해준다.
Serial.print(Distance);         // Distance 값을 시리얼 모니터 출력
Serial.println(" cm");          // 거리값 표시 뒤에 "cm"가 표시 출력됨
delay(1000);                    // 다음 출력까지 1초 지연 설정
}
```

7) 시리얼 모니터로 출력값 확인

[그림 4-18] 회로 구성

물체를 센서 근처에서 움직여 보면 위와 같은 출력값이 나타난다.

9 물체와 15cm 이내로 가까워지면 LED 켜기

초음파 센서를 이용해서 감지되는 물체의 거리를 변화시켰을 때 초음파 센서가 감지하는 거리값이 15cm 이내가 되면 LED가 ON 된다.

1) 아두이노와 부품 연결

아두이노 우노 핀(Pin)	부품	비고
GND	초음파 거리 센서 GND	
5V	초음파 거리 센서 VCC	
D13번	초음파 거리 센서 신호 Trigger	

아두이노 우노 핀(Pin)	부품	비고
D12번	초음파 거리 센서 신호 Echo	
D2번	LED +	
GND	LED -	저항 추가

[표 4-10] 부품 연결

2) 실습 준비물

아두이노 우노

초음파 거리 센서

저항

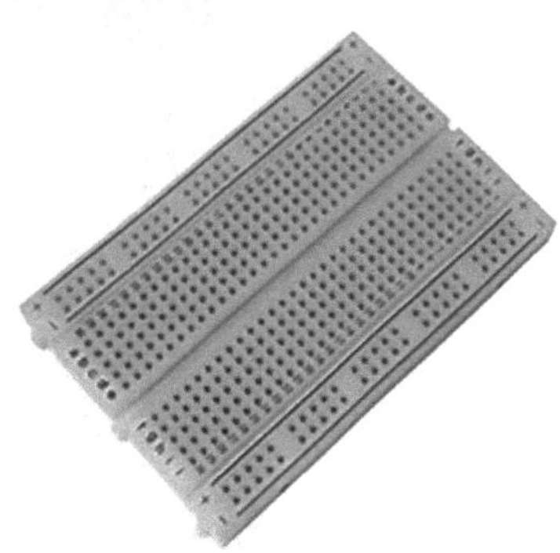

브레드보드

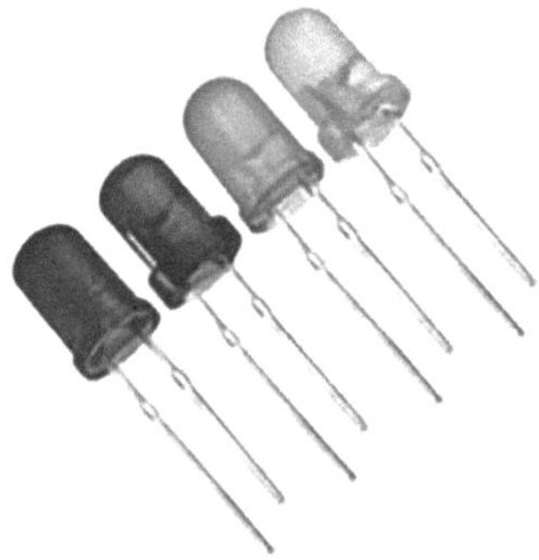

LED

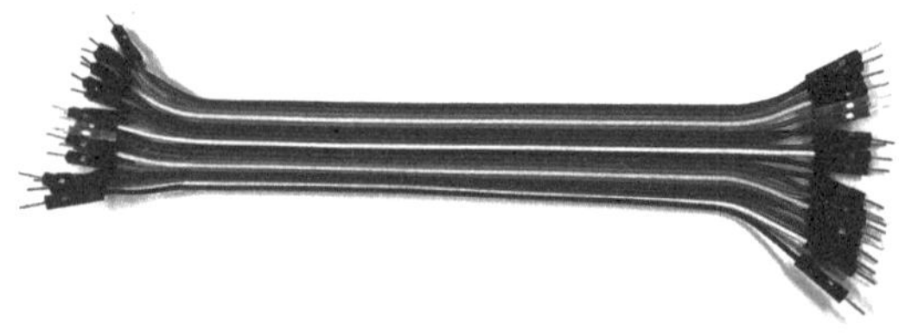

연결 케이블

3) 실제 회로 구성

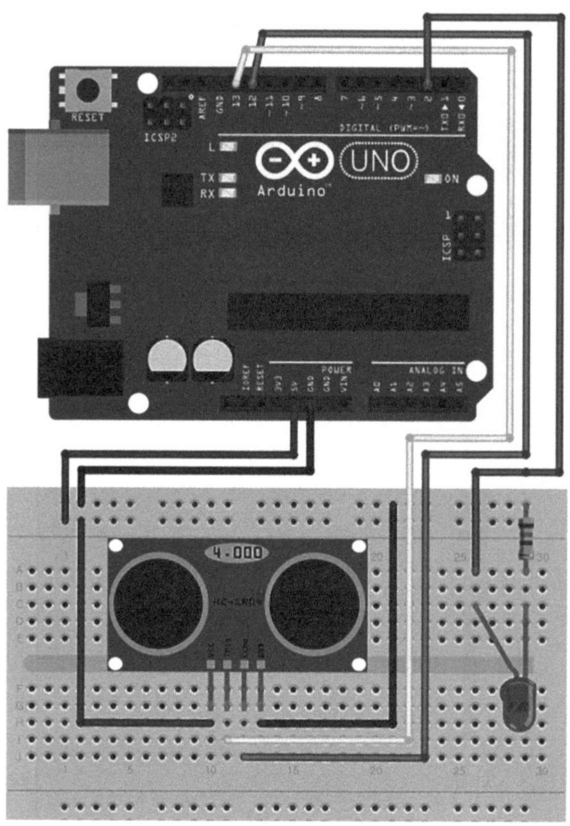

[그림 4-19] 회로 구성

4) 실습 코드

```
int trig=13;                    // 초음파 센서 trig를 13번 핀에 연결
int echo=12;                    // 초음파 센서 echo를 12번 핀에 연결
int LED = 2;                    // LED 출력 2번 핀 연결
void setup() {
Serial.begin(9600);             // 시리얼 모니터 설정
pinMode(trig,OUTPUT);           // trig를 OUTPUT으로 설정
pinMode(echo,INPUT);            // echo를 INPUT으로 설정
pinMode(LED,OUTPUT);            // LED 출력 2번 핀 설정
}

void loop() {
  digitalWrite(trig,HIGH);
  delayMicroseconds(10);
  digitalWrite(trig,LOW);
  int dist=pulseIn(echo,HIGH)*17/1000;
  Serial.print(dist);
  Serial.println("Cm");
  delay(100);

  if (dist<15) {
        digitalWrite(LED,HIGH);}        // 만약 15cm 이내로 접근 시 LED ON

  else{
        digitalWrite(LED,LOW);          // 만약 그게 아니라면  LED OFF
  }
delay(100);
}
```

5) 측정된 거리값

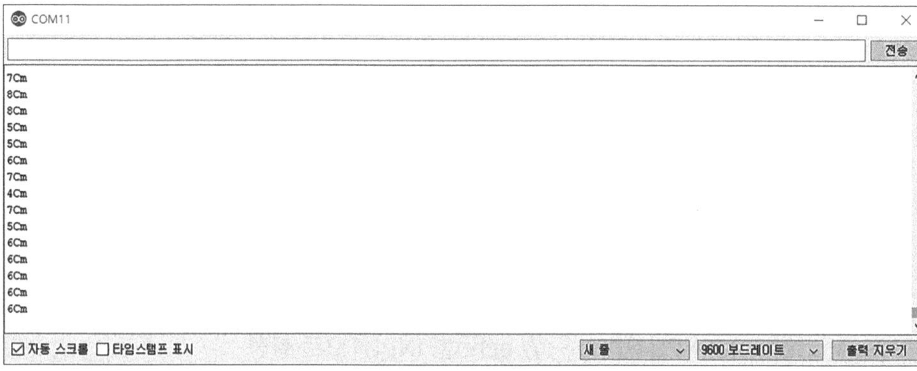

[그림 4-20] 시리얼 모니터링

10 거리 측정값을 3개의 LED로 구분해서 표시하기

1) 실습 내용

초음파 센서로 거리를 측정하고 30cm 이상 거리가 측정되면 녹색 LED가 ON 되고, 20cm 이상 30cm 이하일 경우 노란색 LED가 ON 된다. 그리고 20cm 이하가 되면 적색 LED가 ON 된다.

초음파 거리 센서 정면에 초음파를 반사시킬 수 있는 물체를 이동시키며 센서 감지 거리의 변화를 모니터링한다.

2) 아두이노와 부품 연결

아두이노 우노 핀(Pin)	부품	비고
GND	초음파 거리 센서 GND	
5V	초음파 거리 센서 VCC	
D13번	초음파 거리 센서 신호 Trigger	
D12번	초음파 거리 센서 신호 Echo	
D8번	RED LED+	
D9번	YELLOW LED+	
D10번	GREEN LED+	
GND	각 LED -	저항 추가

[표 4-11] 부품 연결

3) 실습 준비물

아두이노 우노

초음파 거리 센서

저항

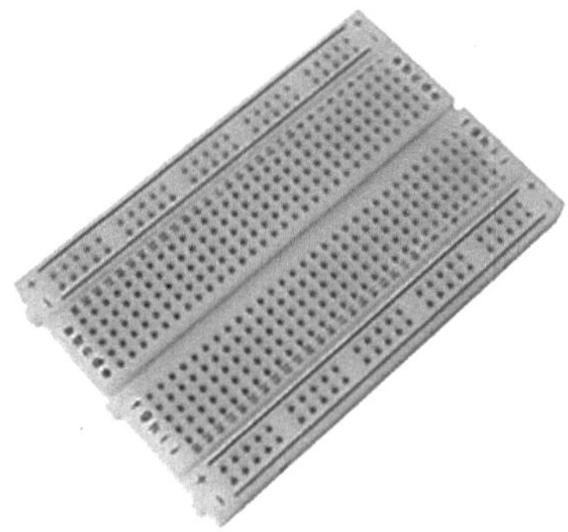

브레드보드

LED

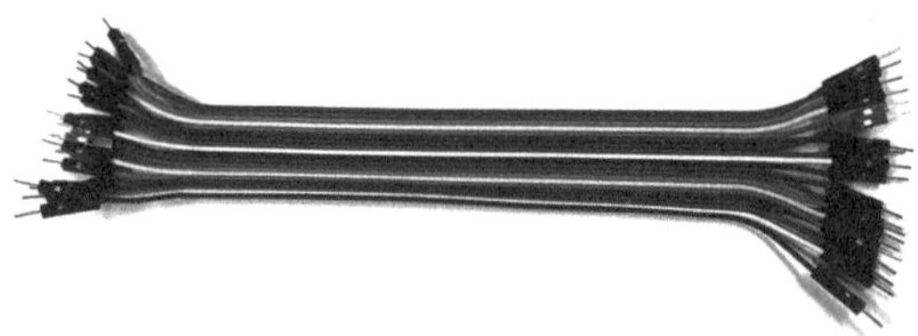

연결 케이블

4) 실제 회로 구성

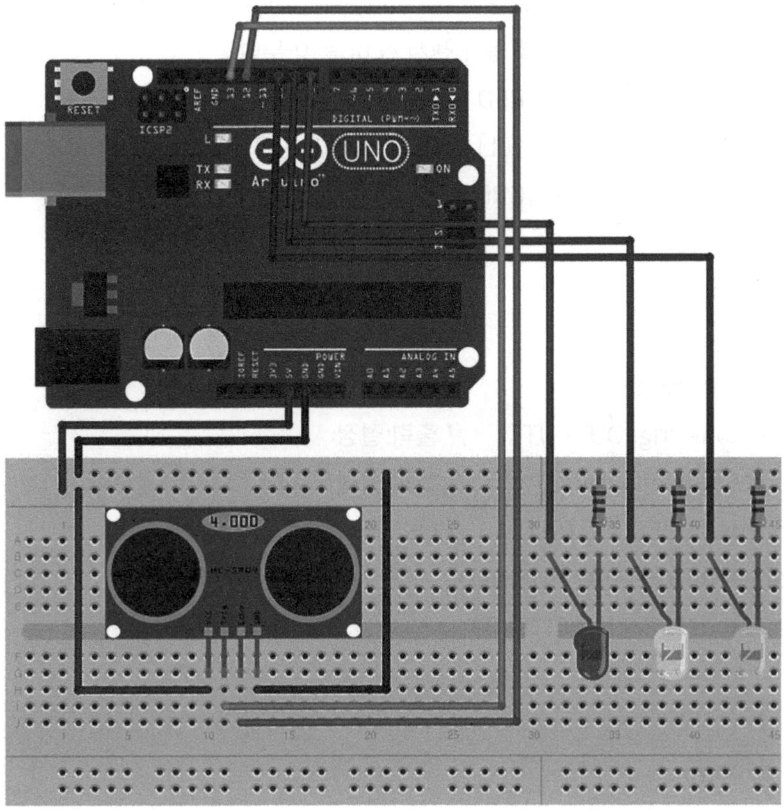

[그림 4-21] 회로 구성

5) 실습 코드

```
int trig = 12;              // 초음파 센서 trigger는 아두이노 12번 핀
int echo = 13;              // 초음파 센서 echo는 아두이노 13번 핀
int RED =8;                 //  RED LED는 8번 핀으로
int YELLOW = 9;             //  YELLOW LED는 9번 핀으로
int GREEN = 10;             //  GREEN0  LED 는 10번 핀으로

void setup()
{
  Serial.begin(9600);
  pinMode(trig, OUTPUT);      // 출력 설정
  pinMode(echo, INPUT);       // 입력 설정
  pinMode(RED, OUTPUT);     // LED 출력 설정 8번 핀
  pinMode(YELLOW, OUTPUT);          // LED 출력 설정 9번 핀
  pinMode(GREEN, OUTPUT);           // LED 출력 설정 10번 핀
}

void loop()
{
  digitalWrite(trig, HIGH);
  delayMicroseconds(10);
  digitalWrite(trig, LOW);
  int distance = pulseIn(echo, HIGH) * 17 / 1000;
  Serial.print(distance);
  Serial.println("cm");
  delay(100);
  if (distance >30)      // 초음파 센서로 distance(측정거리)가 30cm보다 크면
  {
      digitalWrite(GREEN, HIGH);        // GREEN 연결된 핀에 HIGH 신호
      digitalWrite(YELLOW, LOW);        // YELLOW 연결된 핀에 LOW 신호
```

```
        digitalWrite(RED, LOW);              // RED 연결된 핀에 LOW 신호
    }
    if (distance >20 &distance <= 30)        // 측정 거리가 20 초과 ~ 30 이하일 때
    {
        digitalWrite(GREEN, LOW);            // GREEN 연결된 핀에 LOW 신호
        digitalWrite(YELLOW, HIGH);          // YELLOW 연결된 핀에 HIGH 신호
        digitalWrite(RED, LOW);              // RED 연결된 핀에 LOW신호
    }
    if (distance >0 &distance <= 20)         // 측정 거리가 20 이하일 때
    {
        digitalWrite(GREEN, LOW);            // GREEN 연결된 핀에 LOW 신호
        digitalWrite(YELLOW, LOW);           // YELLOW 연결된 핀에 LOW 신호
        digitalWrite(RED, HIGH);             // RED 연결된 핀에 HIGH 신호
    }

}
```

11 적외선(장애물) 감지 센서 사용하기

아두이노에서 장애물 감지를 하기 위해서 초음파 센서를 사용할 수도 있지만 2개 이상의 초음파 센서를 사용할 경우 서로 간섭을 일으킬 수 있다.

이러한 문제를 해결하기 위해서 적외선 장애물 센서를 사용하면 센서 간의 간섭 없이 두 개 이상의 장애물 감지 센서를 사용할 수 있다.

적외선 거리 센서는 적외선을 방출하는 Light emitter 부분과 목표물을 향해 방출한 적외선이 다시 반사되어 되돌아올 때 그 빛을 다시 감지할 수 있는 Light ditector 부분으로 구성되어 있다. 적외선 센서를 사용할 경우 태양광의 영향이

있을 수 있기 때문에 실외나 창가에서는 동작이 불안할 수 있으며 다소 밝은 곳에서는 동작을 안 하는 경우도 있다. 이러한 이유는 태양광에는 가시광선과 적외선, 자외선 등 수많은 종류의 빛이 포함되어 있기 때문이다.

아두이노에서 사용되는 적외선 장애물 감지 센서의 감지 거리는 보통 2~6cm로 되어 있으며 적외선 센서 모듈에 부착되어 있는 가변저항을 조절해서 원하는 감도를 조절할 수 있다.

예를 들어 가변저항을 오른쪽 방향으로 회전시키면 감지 거리가 늘어난다.

그러나 아두이노 적외선 센서의 감지 거리는 거의 1m까지 탐지가 가능했던 초음파 센서보다는 다소 감도가 떨어지지만 근접 거리의 감지 기능만 필요할 경우는 비교적 저렴한 가격에 신호의 간섭 없이 원하는 기능을 구현할 수 있으므로 더욱 유용한다고 볼 수 있다.

1) 실습 내용

적외선 센서가 장애물을 감지하면 아두이노 D11 핀에 연결된 LED가 ON 되고 아니면 LED가 OFF 된다.

2) 아두이노와 부품 연결

아두이노 우노 핀(Pin)	부품	비고
GND	초음파 거리 센서 GND	
5V	초음파 거리 센서 VCC	
D4	적외선 장애물 감지 센서 OUT	
D11	LED +	
GND	LED -	저항 추가

[표 4-12] 부품 연결

3) 실습 준비물

아두이노 우노

적외선 거리 센서

저항

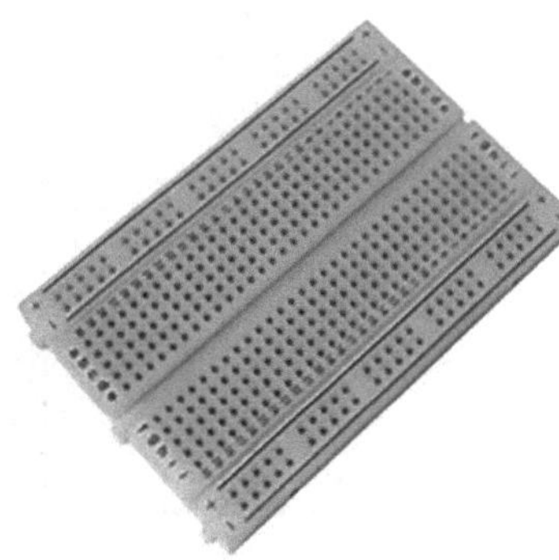

브레드보드

LED

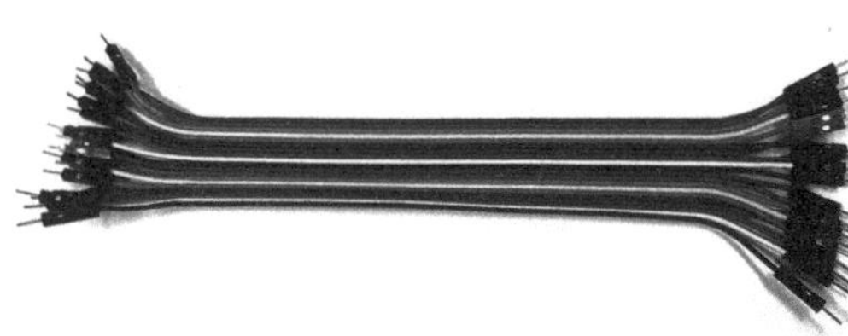

연결 케이블

4) 실제 회로 구성

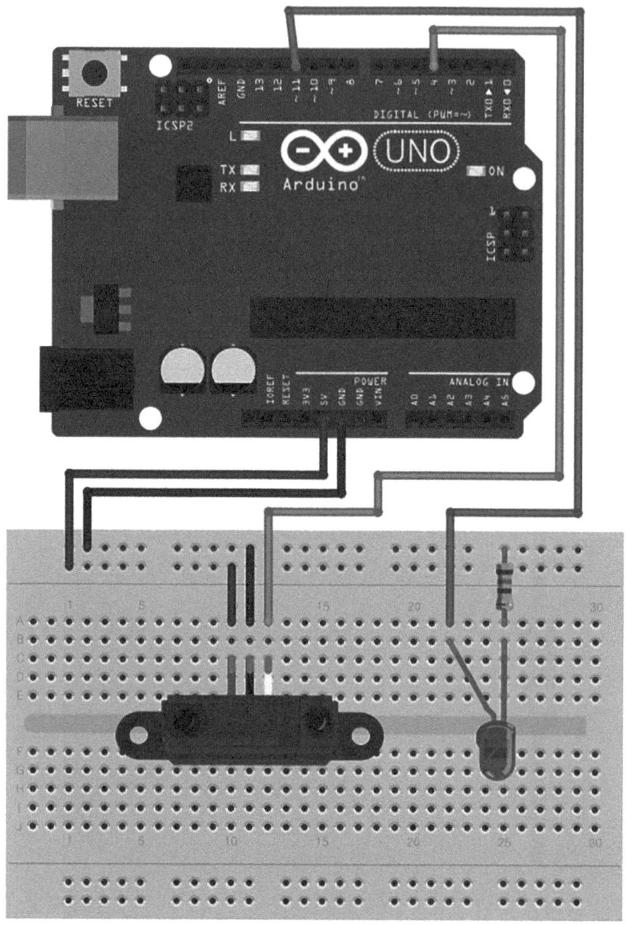

[그림 4-22] 회로 구성

5) 실습 코딩

```
int LED = 11;                    // LED 연결 단자 11번 설정
int sensorPin = 4;               // 센서값을 읽어 올 단자를 4번 핀으로 설정
int val;                         // 센서값을 정수형 val로 설정

void setup () {
  pinMode (LED, OUTPUT);    // LED 연결된 핀을 OUTPUT으로 설정
  pinMode (sensorPin, INPUT);          // 센서값을 INPUT으로 설정
}

void loop () {
  val = digitalRead (sensorPin);         // 센서값을 읽어와서 val로 반환(전달)
  if (val == HIGH) {             // 장애물 감지 없음으로 판별되면
       digitalWrite (LED, LOW);          // LED OFF
  } else {                       // 그러나 장애물 감지 있음으로 판별되면
       digitalWrite (LED, HIGH);         // LED을 ON
  }
}
```

12 조도 센서 사용하기

이번 실습에서 사용될 센서는 주변에 밝기에 따라 값이 달라지는 조도 센서이다. 조도 센서는 카드늄(Cd)와 황(S)의 약자인 CdS라고도 불리우며 황화카드뮴(CdS) 혹은 포토셀이라고도 많이 알려져 있다. 특징을 본다면 빛에 반응하는 화학 물질이라고 할 수 있으며 자동차 전조등에 자동 모드, 휴대폰 자동 밝기 등에 사용된다. 조도 센서는 빛의 양에 따라 저항값이 변하는 특성이 있으므로 조도 센서의 지그재그로 된 주황색 CdS가 주변의 빛의 양을 측정하며 주변의 빛의 양이 많아지면 저항이 작아지고 빛의 양이 적을수록 저항값이 높아지는 특성이 있다. 다시 말해서 조도 센서는 + -극성은 없지만 빛의 양에 따라 전도율이 변하게 되는 특성이 있다. 따라서 빛의 양이 많아질수록 전도율이 높아져 저항이 낮아지게 된다. 하지만 전도율이 빛의 밝기에 비례해서 선형적으로 일정하게 증가하는 것이 아니기 때문에 보다 정확한 빛의 밝기 Lux 값을 구하는 것보다는 단순하게 밝고 어두운 정도만을 판별하는 데 적합하다. 우리가 보통 사용하는 조도 센서(CdS)는 건물의 옥외 주차장이나 휴식 중인 극장 객석 정도의 약한 빛의 양 (10 Lux)에서 약 20K~30K오옴의 저항을 가지며, 아무런 빛이 없는 캄캄한 암실 정도에서는 약 200K오옴의 저항을 가지게 된다. 조도 센서의 특성상 빛의 양이 매우 많은 경우에는 저항이 매우 작아지게 되므로 회로에 과전류가 흐를 수도 있다. 또한, 조도 센서의 저항값 변화에 따른 전압 변화값을 아두이노의 아날로그 신호(A0~A5)로 입력받기 위해서 10K오옴 정도의 저항을 추가로 달아준다. 따라서 이번 실습에서는 PULLUP 저항을 추가로 연결해서 사용한다. 그리고 PULLUP 저항 사용 시에는 조도 센서의 저항값에 따라 회로에서는 전압 분배가 일어나게 되며, 빛의 양이 많을수록 측정되는 전압의 크기는 작아지게 된다는 것을 기억해야 한다.

1) 실습 내용

이번 실습에서는 아두이노 보드 1개, 브레드보드 1개, led 2개, 점퍼 케이블, 조도 센서 1개, 330옴 저항, 2개 10k옴 저항 1개를 이용하여 실습 회로를 구성한다. 실습에 사용되는 조도 센서는 10 Lux일 때 저항값이 20~30k옴 정도이다. 그리고 측정 오차가 크므로 정밀한 밝기 조정보다는 밝고 어두운 정도의 유무를 체크한다고 생각하면 된다.

2) 아두이노와 부품 연결

아두이노 우노 핀(Pin)	부품	비고
GND	조도 센서 GND	
아날로그 A0	조도 센서 신호	
VCC	조도 센서	저항 10K
D2	LED1 +	10K 옴
D3	LED2 +	
GND	LED1, 2 -	저항 추가

[표 4-13] 부품 연결

3) 실습 준비물

아두이노 우노

조도 센서

저항

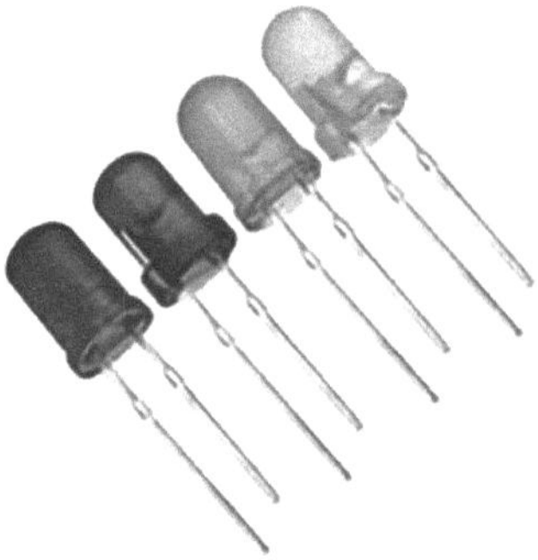

LED

4) 실제 회로 구성

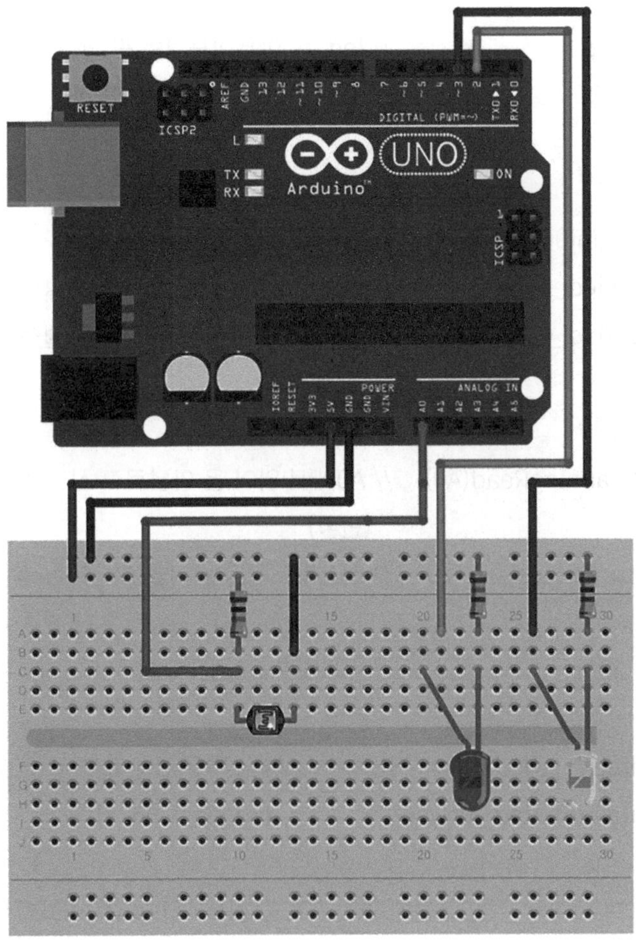

[그림 4-23] 회로 구성

5) 실습 코드

```
int led_R = 2;                    // led_R  아두이노 2번 핀 연결
int led_G = 3;                    //  led_G  아두이노 3번 핀 연결

void setup() {
  Serial.begin(9600);             // 시리얼 모니터 시작
  pinMode(led_R, OUTPUT);  // led_R = 2번 핀을 출력으로 설정
  pinMode(led_G, OUTPUT);  // led_G = 3번 핀을 출력으로 설정
}
void loop() {
  int cds = analogRead(A0);   // A0에서 읽어 온 아날로그 신호값을 cds에 저장
                                    (반환)
  Serial.println(cds);            // cds 조도값을 시리얼 모니터에 출력

  if(cds < 500)                   //만약 조도값(cds)이 500보다 작으면
  {
      digitalWrite(led_R, HIGH);          // led_R은 ON 하고
      digitalWrite(led_G, LOW);           // led_G는 OFF 한다
  }
  else                      // 그런데 만약 조도값(cds)이 500보다 크면(작지 않으면)
  {
      digitalWrite(led_R, LOW);           // led_R은 OFF 하고
      digitalWrite(led_G, HIGH);          // led_G은 ON 한다
  }
  delay(200);                             // 0.2초 간격으로 계속 반복
}
```

6) 조도 센서 모니터 결과

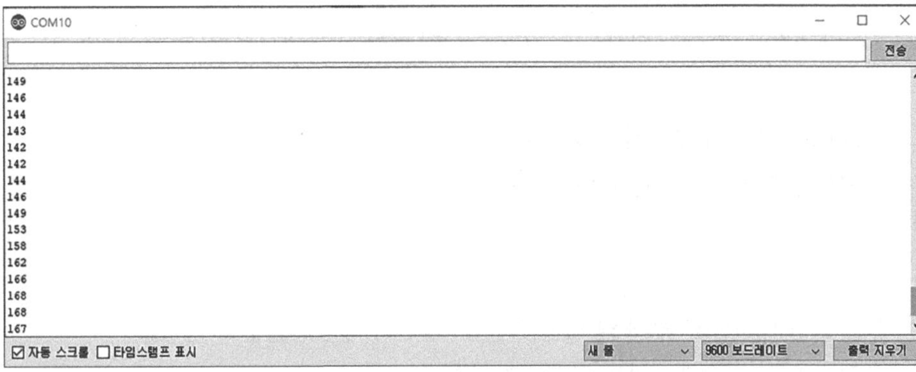

[그림 4-24] 조도 센서 모니터링

7) 응용하기(조도에 따라 LED 밝기 조절하기)

이번에는 어두운 정도에 따라 점점 더 밝아지는 LED를 만들어 본다. 사용하는 부품과 하드웨어 회로도는 방금 전 실습과 같고 실습 코드만 다르다.

8) 실습 코드

```
/* 조도 센서를 A0핀으로 선언하고 led핀을 3번핀으로 선언한다.*/
int cds = A0;             // 조도 센서를 아날로그 입력 A0에 입력
int led = 3;              // LED를 D3번에 입력

/* void setup은 실행 시 가장 먼저 호출되는 함수이며, 최초 1회만 실행된다.
  변수를 선언하거나 초기화를 위한 코드를 포함한다.*/

  void setup() {
  Serial.begin(9600); // 조도 센서(cds)의 동작 상태(값의 변화)를 확인하기
```

```
                         // 위하여 시리얼
                         // 통신을 설정한다. (전송 속도 9600bps)
  pinMode(led, OUTPUT);      // led =3번 핀을 OUTPUT으로 설정한다.
}
// setup() 함수가 호출된 이후, loop() 함수가 호출되며,
// 블록 안의 코드를 무한히 반복 실행된다.

void loop() {
// 조도 센서(cds)로 부터 읽어 온(측정된) 밝기에 따른 전압값의 변화를
// 읽어와서  cdsValue라는 변수에 저장한다.
  int cdsValue = analogRead(cds);

 // 측정된 CDs의 전압값을 시리얼 모니터에 출력한다.
  Serial.print("cds =  ");
  Serial.println(cdsValue);

  // map함수와 constrain을 사용해서 조도 센서의 밝기에 따른 전압의 변화 값
  // 범위를 0~1023에서 0~255로 변경한다.

  cdsValue = map(cdsValue, 0, 1023, 0, 255);
  cdsValue = constrain(cdsValue, 0, 255);
  analogWrite(led,cdsValue); // cdsValue값의 변화에 따라서
                             // led의 밝기를 변화시킨다.
  delay(200);                // 0.2초 간격 지연
}
```

13 워터 센서로 수위 감지기 만들기

워터 센서(Water Sensor)는 물속에 잠겨 있는 전극에 전류를 흘려보내서 전류의 흐름을 측정하고 수분이 감지되는지의 여부 또는 물의 깊이, 높이(수위)를 측정할 수 있게 만든 센서이다. 워터 센서가 물속 깊이 잠겨 있을수록 전류는 많이 흐르게 되고 얕게 잠겨 있을수록 전류는 적게 흐르게 되는 것을 감지할 수 있으므로 수위 등을 판별할 수 있다.

아두이노에서 사용하는 워터 센서(Water Sensor)는 물에도 전기가 통하는 원리를 이용하였으며 세로로 길게 배치된 전극에 미세한 전류를 흘려보내서 전류의 흐름을 측정하며 측정된 값으로 물이 감지되는지의 여부 또는 물의 높이, 깊이(수위)를 측정할 수 있는 센서이다. 센서가 물에 깊이 담겨 있을수록 전류는 많이 흐르게 되고 센서가 물에 얕게 담겨 있을수록 전류는 적게 흐르게 되는 것이다.

1) 실습 내용

물이 담겨 있는 컵을 준비한 후 워터 센서를 물속에 잠기게 한다.

워터 센서가 물에 잠기는 정도(수위)에 따라 변화하는 아날로그 전류값과 LED ON/OFF 상태를 확인한다.

2) 아두이노와 부품 연결

아두이노 우노 핀(Pin)	부품	비고
GND	GND	
A0 핀	신호	

아두이노 우노 핀(Pin)	부품	비고
5V	VCC	
D2	LED +	
GND	LED -	저항 추가

[표 4-14] 부품 연결

3) 실습 준비물

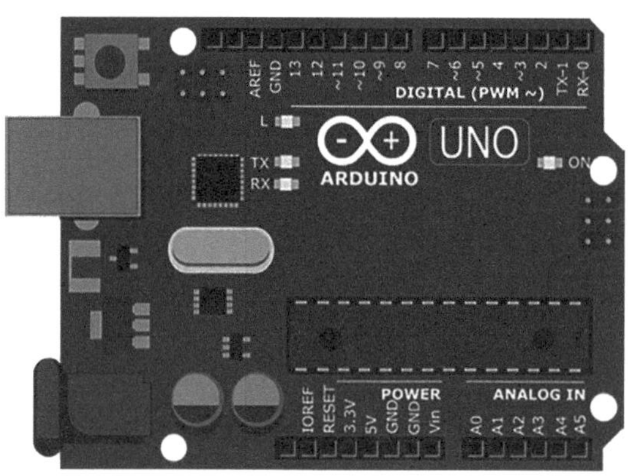

아두이노 우노

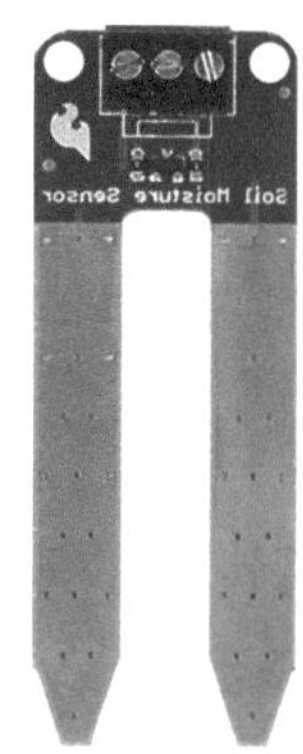

워터 센서

저항

LED

4) 실제 회로 구성

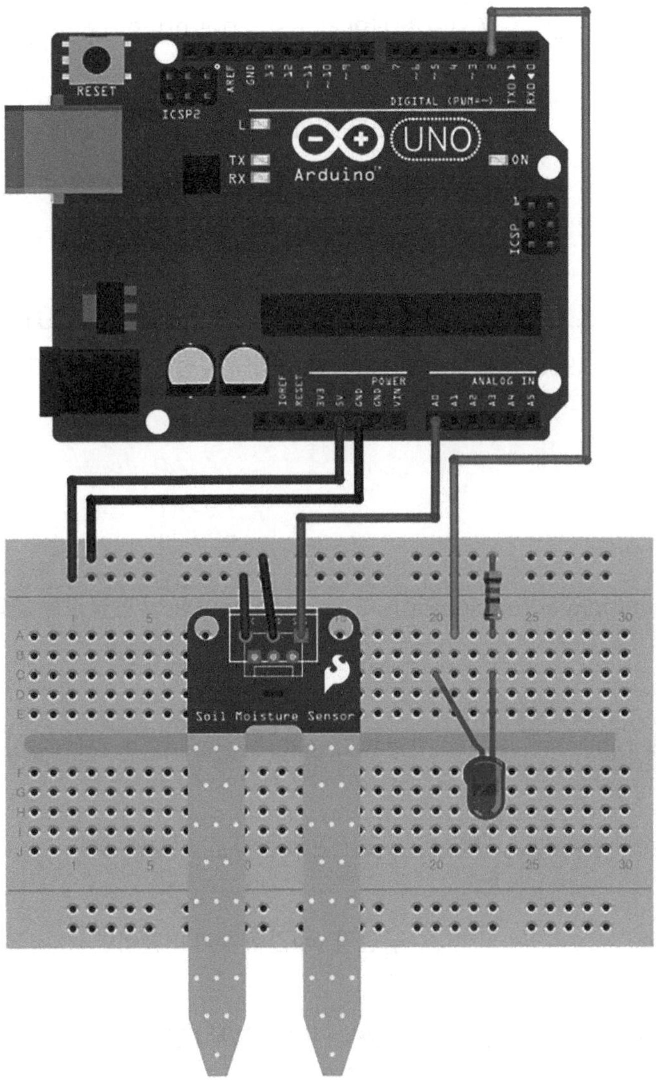

[그림 4-25] 회로 구성

5) 실습 코드

```
int analogPin = 0;      // 워터 센서의 signal을 아두이노의 Analog  A0 연결
int led = 2;            // LED 디지털 2번 포트 연결
int val = 0;            // 센서의 전류 변화 값을 정수형 변수 val로 설정,
                           초깃값은 "0"
 void setup ()
{
  pinMode(led, OUTPUT);      // 디지털 2번 포트를 LED OUTPUT으로 설정
  Serial.begin (9600);       // 시리얼 모니터 설정(통신 속도 9600bps)
}

void loop()
{
  val = analogRead(analogPin);        // analogPin의 전류값을 읽어서
                                         val로 전달(반환)

  if (val > 150)             // 만약 val값이 150 넘으면 (전류값이 150 초과)
  {
      digitalWrite(led, HIGH); // 2번 핀에 장착된  LED를 ON
  }
      else                   // 만약 val값이 150 미만이면 (전류값이 150 미만)
  {
      digitalWrite(led, LOW); // 2번 핀에 장착된 LED를 OFF 한다.
  }

  Serial.println(val);       // 시리얼 모니터에 줄을 변경하며 val(전류값) 표시
  delay (500);               // 500ms 지연
}
```

6) 수위 감지 센서의 아날로그 입력값 모니터링

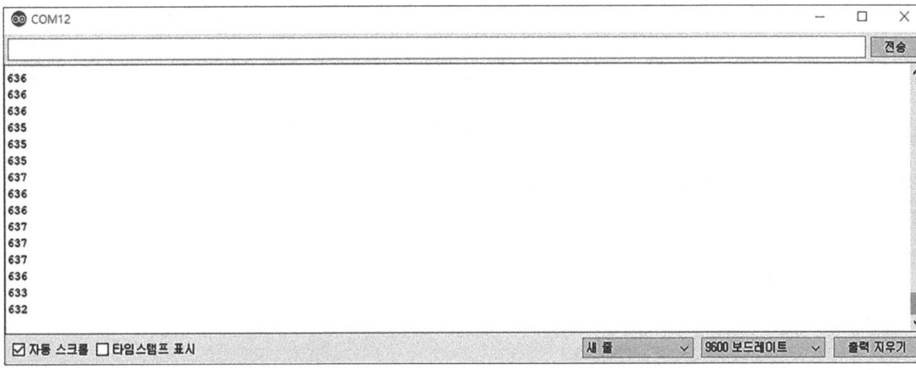

[그림 4-26] 시리얼 모니터링 화면

14 불꽃 감지 센서로 화재 경보기 만들기

이번에는 불꽃 감지 센서를 이용하여 불꽃의 파장을 인식하여 감지하고, 감지된 신호를 아두이노 디지털 입력으로 인식하여 적절한 제어와 출력을 할 수 있는 실습이다.

그리고 사용할 센서는 화염의 파장을 감지할 수 있는 센서 모듈이며 약 80cm 정도의 거리에서 발생한 화염을 검출할 수 있는 센서 모듈이다.

주요 특징으로는

- 760nm ~ 1,100nm의 범위 안에서 각종 불(화염)이나 광원의 파장을 감지한다. (필요시 가변저항으로 감도를 조절 가능한다)
- 80cm 정도 떨어져 있는 거리의 화염을 검출할 수 있다.
- 센서의 감지 각도는 약 60도 정도에서 화염 스펙트럼에 민감한 특징이 있다.

1) 실습 내용

화염 센서 모듈은 화염 감지가 있는 경우와 없는 경우의 두 가지 결과 동작이 있다. 우선 화염 파장이 센서 모듈에 감지된 경우에는 화염 센서의 입력 전압이 기준 전압을 설정하게 되어 있는 가변저항값에 따라 설정한 기준 전압보다 작은 것으로 판별되면 비교기에 Low값이 출력된다. 그리고 피에조 스피커에서 소리가 발생한다.

2) 아두이노와 부품 연결

아두이노 우노 핀(Pin)	부품	비고
GND	불꽃 감지 센서 GND	
5V	불꽃 감지 센서 VCC	
A0	불꽃 감지 센서 OUT	
D2	피에조 스피커	
GND	피에조 스피커 GND	

[표 4-15] 부품 연결

3) 실습 준비물

아두이노 우노

불꽃 감지 센서

저항

브레드보드

LED

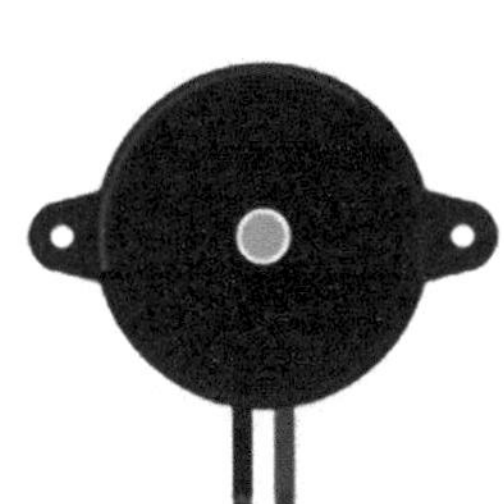

부저

4) 실제 회로 구성

[그림 4-27] 회로 구성

5) 실습 코드

```
int flame = A0;          // 포토트랜지스터가 연결된 아두이노 아날로그 핀을
                            A0으로 설정
int Beep = 2;            // 피에조 부저가 연결된 디지털 핀을 2번으로 설정
int val = 0;             // 센서값 저장 변수를 정수형 val로 설정, 초깃값은 "0"으로

void setup() {
  pinMode(Beep, OUTPUT);              // 피에조 부저 OUTPUT 설정
  pinMode(flame,INPUT);               // 포토트랜지스터 INPUT 설정
  Serial.begin(9600);                 // 시리얼 모니터 설정, 통신 속도 9600bps
}

void loop() {
  val = analogRead(flame);   // 포토트랜지스터에서 읽어 온 센서값을
                                정수형 val로 전달
                             // (반환)
  Serial.println(val);   // 포토트랜지스터의 센서값(val)을 시리얼 모니터로 출력
  if(val <= 900)         // 포토트랜지스터의 센서값이 900 이하이면 BEEP 실행,
                         // 환경에 따라 적절한 값으로 조절할 필요가 있다.
  {
      digitalWrite(Beep,HIGH);        // 피에조 부저 BEEP 실행
  }else{                              // 만약 900 이상이면
      digitalWrite(Beep,LOW);         // 피에조 부저 OFF
  }
      delay(500);                     // 0.5초 간격으로 반속 실행
}
```

15 미세먼지 센서 사용하기

이번 실습에서 사용하는 센서는 미세먼지 측정 센서이다. 미세먼지란 대기 중에 떠다니거나 흩날려 오는 직경 10um 이하의 입자를 말한다. 미세먼지 센서는 이러한 작은 입자들을 측정해 내는 센서이며 센서 안에 적외선 센서가 포함되어 있어 적외선 수신기와 송신기가 먼지에 의해 반사되는 빛의 양을 파악해 입자를 감지하며 대기 중의 미세먼지를 측정한다.

1) 실습 내용

실습에서는 아두이노 보드 1개, 브레드 보드 1개, LED 3개, 점퍼 케이블, 미세먼지 센서 1개, 150옴 저항 3개, 220옴 저항 1개, 220 캐패시터, 3핀 터미널 커넥터를 이용하여 실습 회로를 구성한다. 실습 진행에 사용되는 선이 많으므로 배선 연결에 유의한다.

2) 아두이노와 부품 연결

아두이노 우노 핀(Pin)	부품	비고
5V	미세먼지 센서 1. V-LED (5V, 150옴)	
GND	2. LED-GND(220uf 10V)	
D12	3. LED	
GND	4. S-GND	
A0	5. Vo	
5V	6. Vcc	
D5	Red LED	
D6	Green LED	

아두이노 우노 핀(Pin)	부품	비고
D7	Blue LED	
	캐패시터(220uf 10V)	
	저항 150옴	

[표 4-16] 부품 연결

3) 실습 준비물

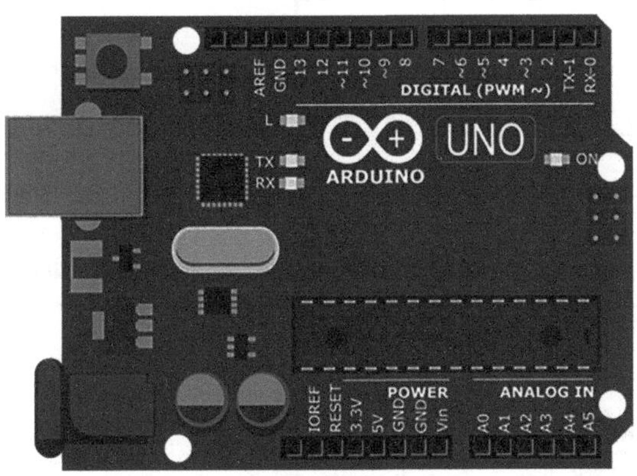

아두이노 우노

LED

저항

브레드보드

커패시터

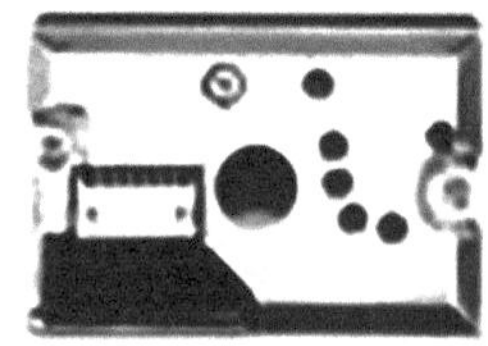

미세먼지 센서

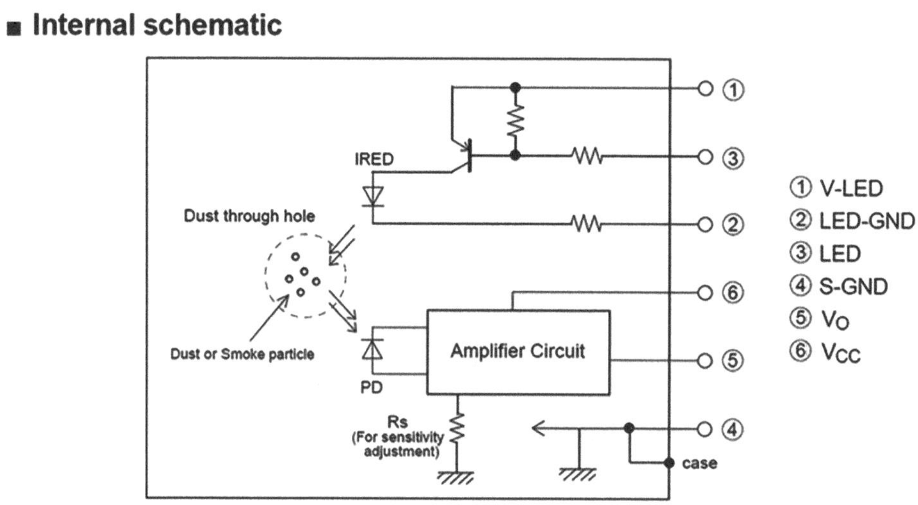

[그림 4-28] 내부 회로

4) 실제 회로 구성

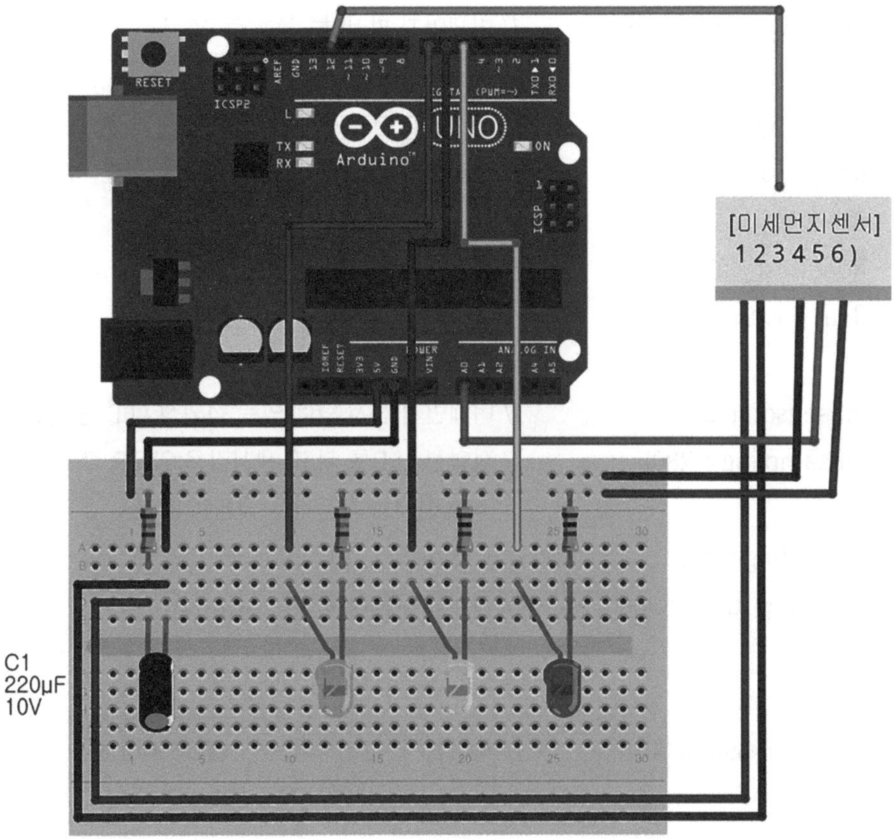

[그림 4-29] 회로 구성

5) 실습 코드

```
int dust_sensor = A0;            // 미세먼지 핀 번호
int rgb_red = 5;                 // rgb LED 핀 빨간색 핀
int rgb_green = 6;               // rgb LED 핀 녹색 핀
int rgb_blue = 7;                // rgb LED 핀 파란색 핀

float dust_value = 0;            // 센서에서 감지한 입력 받은 미세먼지 값
float dustDensityug=0;           // ug/m^3 값을 계산

int sensor_led = 12;             // 미세먼지 센서 안에 있는 적외선 LED 핀 번호
int sampling = 280;              // 적외선 LED를 켜고, 센서값을 읽으므로
                                 //  미세먼지를 측정하는 샘플링 시간
int waiting = 40;
float stop_time = 9680;          // 센서를 구동하지 않는 시간

void setup(){
  Serial.begin(9600);            // 시리얼 모니터 시작, 속도는 9600bps
  pinMode(sensor_led,OUTPUT);        // 미세먼지 적외선 led를 출력으로 설정
  pinMode(4, OUTPUT);

  pinMode(rgb_red, OUTPUT);          // rgb LED 모듈 출력으로 설정, 붉은색
  pinMode(rgb_green, OUTPUT);        // rgb LED 모듈 출력으로 설정, 녹색
  pinMode(rgb_blue, OUTPUT);         // rgb LED 모듈 출력으로 설정, 파란색
}

void loop(){
  digitalWrite(sensor_led, LOW);     // LED 켜기
  delayMicroseconds(sampling);       // 샘플링해 주는 시간 설정
```

```
dust_value = analogRead(dust_sensor);      // 센서값 읽어오기

delayMicroseconds(waiting);          // 너무 많은 데이터 입력을 피해 주기 위해
                                     // 잠시 정지하는 시간

digitalWrite(sensor_led, HIGH);      // LED off
delayMicroseconds(stop_time);        // LED off 하고 대기

dustDensityug = (0.17 * (dust_value * (5.0 / 1024)) - 0.1) * 1000;
// 미세먼지 값 계산 식

Serial.print("Dust Density [ug/m3]: ");
    // 시리얼 모니터에 측정된 미세먼지 값 출력

Serial.print(dustDensityug);

if(dustDensityug <= 30.0){   // 대기 중 미세먼지가 좋음일 때 청색 LED 출력

analogWrite(rgb_red, 0);
    analogWrite(rgb_green, 0);
    analogWrite(rgb_blue, 255);
    Serial.print("   ");
    Serial.println("blue");
}else if(30.0 < dustDensityug && dustDensityug <= 80.0){
// 대기 중 미세먼지가 보통일 때 녹색 LED 출력

analogWrite(rgb_red, 0);
    analogWrite(rgb_green, 255);
    analogWrite(rgb_blue, 0);
    Serial.print("   ");
    Serial.println("green");
```

```
}else if (80.0 < dustDensityug && dustDensityug <= 150.0){
            // 대기 중 미세먼지가 나쁨일 때 노란색 출력
    analogWrite(rgb_red, 255);
    analogWrite(rgb_green, 155);
    analogWrite(rgb_blue, 0);
    Serial.print("   ");
    Serial.println("yellow");
}else{
            // 대기 중 미세먼지가 매우 나쁨일 때 적색 LED 출력
    analogWrite(rgb_red, 255);
    analogWrite(rgb_green, 0);
    analogWrite(rgb_blue, 0);
    Serial.print("   ");
    Serial.println("red");
}
    delay(2000);
}
```

6) 미세먼지 센서 측정값 모니터링 결과

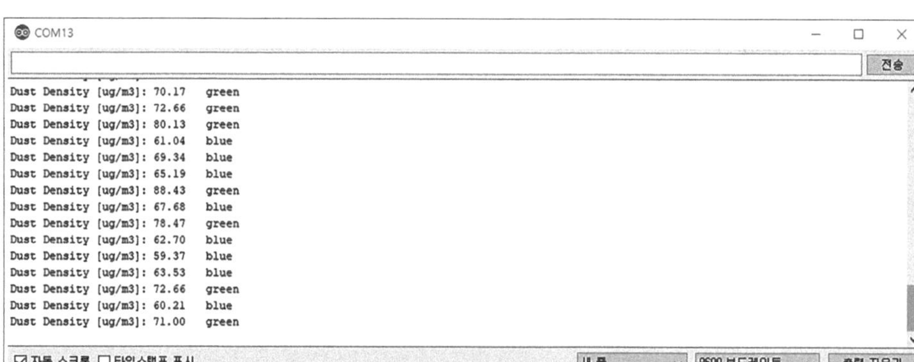

[그림 4-30] 미세먼지 센서값 모니터링

PART

5

FND와 LCD 디스플레이

아두이노를 활용한 재미있는 코딩 수업

5 FND와 LCD 디스플레이

1 7-segment 표시하기

이번에는 7-segment에 텍스트 등을 표시하는 실습을 한다. 7-segment는 7개의 LED로 된 발광 막대를 숫자 8과 같이 배치하고 그중 원하는 몇 가지를 선택하여 표시하는 방법을 사용하며 0~9까지의 숫자를 나타낼 수 있도록 하는 표시 장치이다. 실습 준비물을 보면 7-segment가 무엇인지 바로 이해할 수 있을 것이다.

1) 실습 설명

이번 실습에서는 아두이노 보드 1개, 브레드보드 1개, 7-segment 1개, 점퍼 케이블을 이용하여 실습 회로를 구성한다.

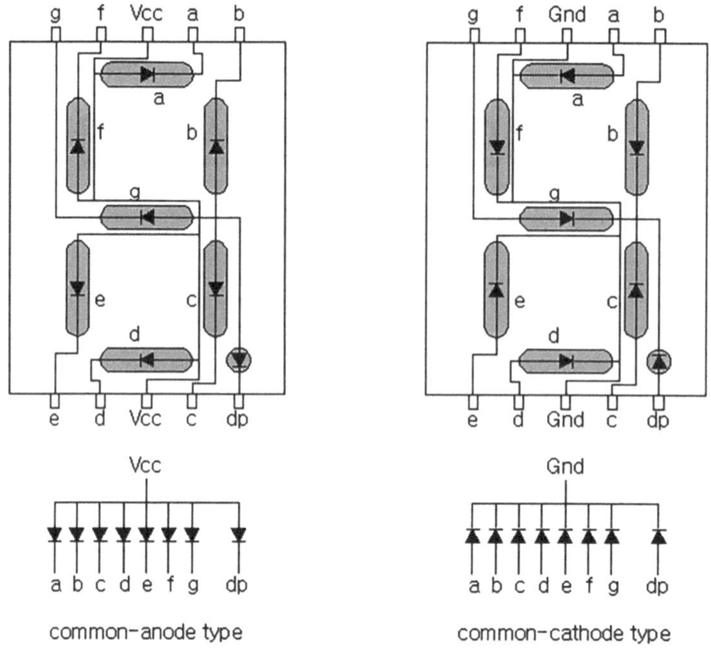

[그림 5-1] (출처: 네이버 지식백과 7-세그먼트)

[그림 5-1]과 같이 7-segment는 a~g까지 7개의 조명판을 배치하고, 그중 사용하고자 하는 몇 개를 선택하여 출력 신호로 조광함으로써 0에서 9까지의 10진법을 표시할 수 있도록 한 표시 장치이다. 구조는 간단해 보이지만 숫자들을 표시하려면 어떤 출력으로 표시할 지가 중요하다. 예를 들어 만약 0을 표시하려면 g를 제외하고 나머지를 전부 ON 해야 하며, 1을 표시하려면 b와 c를 제외하고 나머지는 전부 OF F해야 한다.

7-세그멘트 혹은 FND는 애노드(Anode) 타입과 캐소드(Cathode) 타입이 있다. 애노드 타입은 Vcc 핀에 5V를 연결해야 하며, 원하는 핀에 전압을 주면 해당 LED가 ON이 되어 원하는 숫자, 문자 등이 켜진다. 캐소드 타입은 GND핀에 GND를 연결해야 하고, 특정 핀에 전압 신호를 가해 주면 해당 LED가 ON이 된다. 이번 실습에서는 캐소드 타입을 사용한다.

2) 아두이노와 부품 연결

아두이노 우노 핀(Pin)	부품	비고
D2	FND A	
D3	FND B	
D4	FND C	
D5	FND D	
D6	FND E	
D7	FND F	
D8	FND G	
VCC	FND VCC	Anode 타입일 경우 연결
GND	FND GND	Cathode 타입일 경우 연결

[표 5-1] 부품 연결

3) 실습 준비물

아두이노 우노

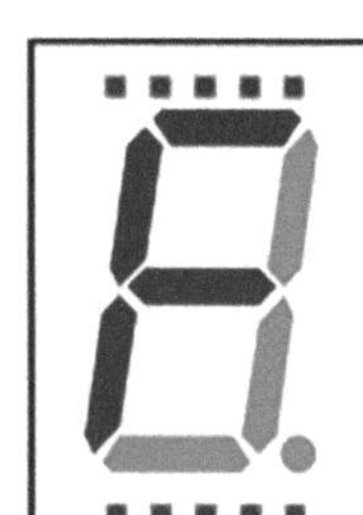

Segment

저항

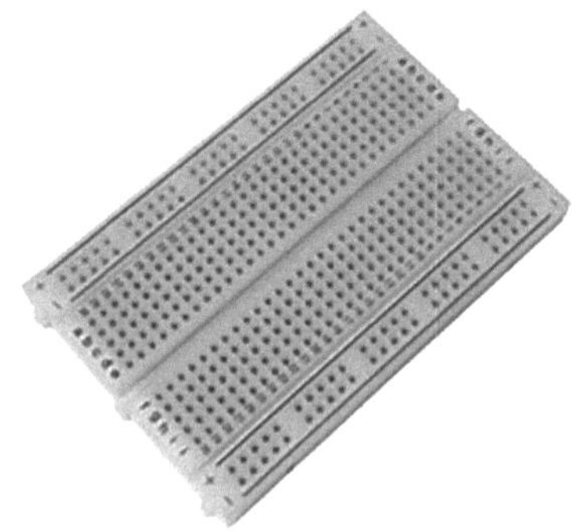

브레드보드

4) 실제 회로 구성

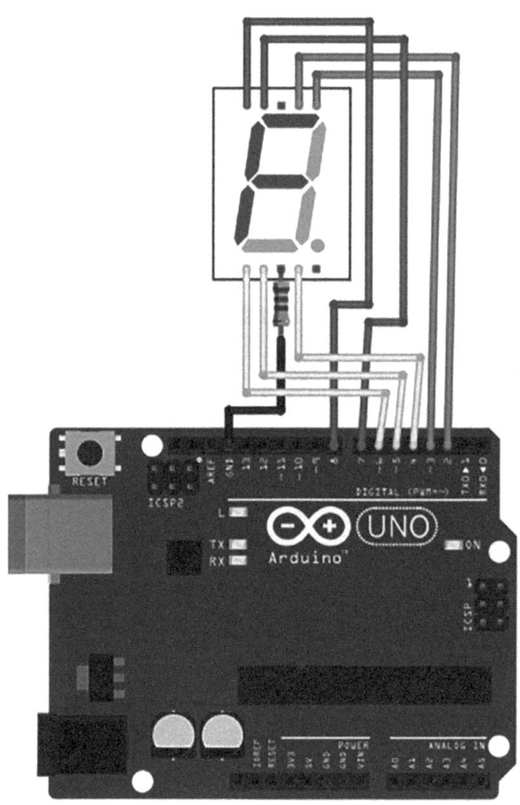

[그림 5-2] 회로 구성

5) 실습 코드

```
// 핀 할당
int A= 2;
int B= 3;
int C= 4;
int D= 5;
int E= 6;
int F= 8;
int G= 7;
int led[7] = {A, B, C, D, E, F, G};          // 배열로 각 핀들을 선언

// 진리표
int digit[10][7] = {{1, 1, 1, 1, 1, 1, 0},   // 0
                    {0, 1, 1, 0, 0, 0, 0},   // 1
                    {1, 1, 0, 1, 1, 0, 1},   // 2
                    {1, 1, 1, 1, 0, 0, 1},   // 3
                    {0, 1, 1, 0, 0, 1, 1},   // 4
                    {1, 0, 1, 1, 0, 1, 1},   // 5
                    {0, 0, 1, 1, 1, 1, 1},   // 6
                    {1, 1, 1, 0, 0, 0, 0},   // 7
                    {1, 1, 1, 1, 1, 1, 1},   // 8
                    {1, 1, 1, 0, 0, 1, 1}};  // 9

void setup() {
  pinMode(A, OUTPUT);          // 각 포트를 출력 모드로 설정한다.
  pinMode(B, OUTPUT);
  pinMode(C, OUTPUT);
  pinMode(D, OUTPUT);
  pinMode(E, OUTPUT);
```

```
  pinMode(F, OUTPUT);
  pinMode(G, OUTPUT);
}

void loop() {
  for (int i=0; i<10; i++) {                // 0부터 9까지 숫자를 표시
      for (int j=0; j<7; j++) {             // LED 7개를 조작한다.
        digitalWrite(led[j], digit[i][j]);  // 진리표에 맞게 LED를 설정
      }
      delay(1000);                          // 1초 대기
  }
}
```

2 도트 매트릭스 표시 확인하기

도트 매트릭스란 LED를 8X8로 구성되어 있는 디스플레이 장치로, 행(Row)과 열(Column)의 형태로 이루어져 해당하는 LED를 ON/OFF 제어할 수 있다.

1) 도트 매드릭스 연결 방법

브레드보드에 8X8 LED를 연결한 후 한 줄을 아두이노보드의 digital 9~2까지 연결한 후, 다른 한 줄을 아두이노 보드의 digital 13~10까지, 그리고 아두이노보드의 analog A0~A3 까지 차례대로 연결한다. 실습 코드를 업로드했지만 안 된다면 반대로 결선을 해보면 된다. 연결 후에는 프로그램 코딩 후 동작을 시키고 어느 위치의 도트가 ON/OFF 되는지 확인을 해본다.

2) 아두이노와 부품 연결

아두이노 우노 핀(Pin)	부품	비고
D2	ROW1	2
D3	ROW2	3
D4	ROW3	4
D5	ROW4	5
D6	ROW5	6
D7	ROW6	7
D8	ROW7	8
D9	ROW8	9
D10	COL1	10
D11	COL2	11
D12	COL3	12
D13	COL4	13
A0	COL5	14
A1	COL6	15
A2	COL7	16
A3	COL8	17

[표 5-2] 부품 연결

3) 실습 준비물

아두이노 우노

도트 매트릭스

저항

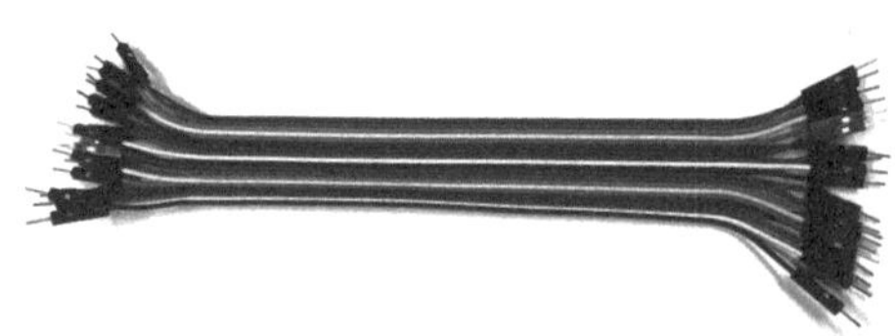

점퍼 케이블

4) 실제 회로 구성

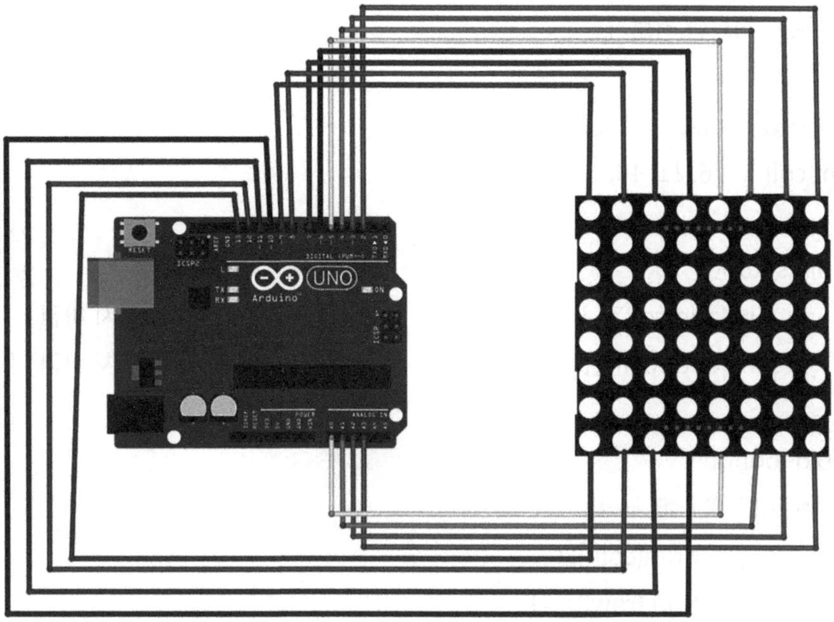

[그림 5-4] 회로 구성

5) 실습 코드

```
/* 도트 하나만 켜보기 */

int row[ ] = {2, 7, 17, 5, 13, 16, 12, 14};          // 가로
int col[ ] = {6, 11, 10, 3, 15, 4, 8, 9};            // 세로

void setup(){
      pinMode(col[7], OUTPUT);        // 0~7까지 숫자 변환 시 위치 바뀜
      pinMode(row[7], OUTPUT);        // 0~7까지 숫자 변환 시 위치 바뀜
}
void loop(){
  for(int i=0; i <8; i++){
      digitalWrite(col[i], 0);
      digitalWrite(row[i], 1);
      delay(10);

      digitalWrite(col[i], 1);
      digitalWrite(row[i], 0);
      delay(10);
  }
}
```

6) 응용(도트 매트릭스 1줄 전체를 ON 해보자)

프로그램 코드 동작 시 도트 매트릭스 1줄 전체를 ON 하는 프로그램이다. 하드웨어 구성은 방금 전 실습과 동일하며 프로그램 코드만 다르다.

7) 실습 코드

```
* 1줄 전체 ON 해보기  */

const int row[8] = { 2, 7, 17, 5, 13, 16, 12, 14 };
const int col[8] = { 6, 11, 10, 3, 15, 4, 8, 9 };

void setup(){
  for(int i = 0; i <8; i ++){
        pinMode(col[i], OUTPUT);
        pinMode(row[i], OUTPUT);
  }
}

void loop(){
digitalWrite(row[3], 1); //row[?]  ?를 0~7까지 숫자를 바꾸면 on 되는 줄이 바뀜
}
```

3 도트 매트릭스로 하트 모양 만들기

1) 실습 내용

이번에는 간단하게 연결하고 사용할 수 있는 Max-7219 도트 매트릭스를 이용하고 프로그램을 업로드하여 하트 모양이 나타나는 동작을 구현한다. Max-7219 도트 매트릭스 연결과 프로그램 코딩 후 동작을 확인한다.

아두이노와 도트 매트릭스 모듈을 점퍼 케이블로 연결하여 각각의 포트에 맞게 아두이노 보드와 연결한다.

2) 아두이노와 부품 연결

아두이노 보드	부품	비고
5V	VCC	
GND	GND	
D7	DIN	
D6	CS	
D5	CLK	

[표 5-3] 부품 연결

3) 실습 준비물

아두이노 우노

도트 매트릭스

※ 주의할 점

라이브러리 추가

실습 시작 전에, LED Control과 관련한 라이브러리를 설치하고 시작한다.

: 아두이노 상단 메뉴의 스케치 → 라이브러리 포함하기 → 라이브러리 관리 → 검색 창에 Ledcontrol 검색 → 첫 번째 Ledcontrol 파일 클릭 후 설치를 한다.

설치가 완료된 후에 실습을 시작하도록 한다.

4) 실제 회로 구성

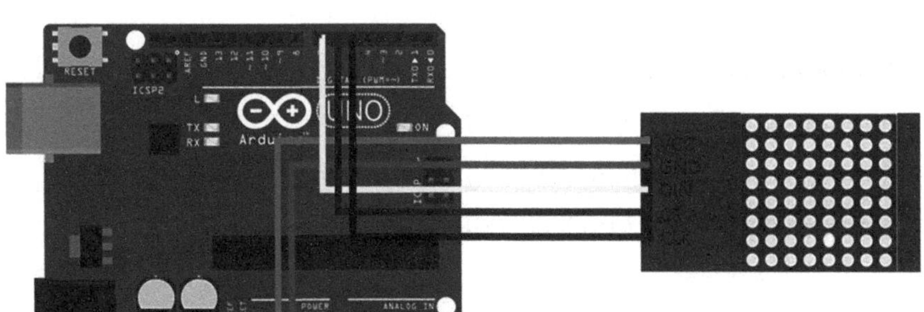

[그림 5-5] 회로 구성

5) 실습 코드

```
#include<LedControl.h>
// 도트 매트릭스를 제어하기 위해 라이브러리에서 추가한 Ledcontrol을 불러온다.

LedControl dotmatrix = LedControl(7,6,5,1);

/*도트 매트릭스를 선언하기 위해 (DIN, CLK, CS, 1)의 자리에 각각의 입력 단자를
입력한다 */

void setup() {
  dotmatrix.shutdown(0,false);          // 도트 매트릭스를 셧다운 시키는 명령어
  dotmatrix.clearDisplay(0);            // 지정한 LED를 OFF 한다.

}

void loop() {
  dotmatrix.setRow(0,0,B01101100);
// 해당 행에 value 값에 따라 ON이 된다. (add, row, value) 2진수이기 때문에
// 1로 설정된 곳에는 Led가 ON이 되고, 0으로 설정된 곳에는 Led가 OFF 된다.

  dotmatrix.setRow(0,1,B11111110);
  dotmatrix.setRow(0,2,B11111110);
  dotmatrix.setRow(0,3,B11111110);
  dotmatrix.setRow(0,4,B01111100);
  dotmatrix.setRow(0,5,B00111000);
  dotmatrix.setRow(0,6,B00010000);
  dotmatrix.setRow(0,7,B00000000);
}
```

4 도트 매트릭스의 하트를 위아래로 움직이기

1) 실습 내용

아래 8x8 하트 모양의 1, 0을 바꾸면 그림을 바꿀 수도 있다. 애니메이션 순서 바꾸는 방법은 영문 순서를 바꾸면 된다. 시간을 변경하는 방법은 아래 count 코드 쪽에 있다.

2) 아두이노와 부품 연결

아두이노 우노 핀(Pin)	부품	비고
D2	ROW1	2
D3	ROW2	3
D4	ROW3	4
D5	ROW4	5
D6	ROW5	6
D7	ROW6	7
D8	ROW7	8
D9	ROW8	9
D10	COL1	10
D11	COL2	11
D12	COL3	12
D13	COL4	13
A0	COL5	14
A1	COL6	15
A2	COL7	16
A3	COL8	17

[표 5-4] 부품 연결

3) 실습 준비물

아두이노 우노

도트 매트릭스

저항

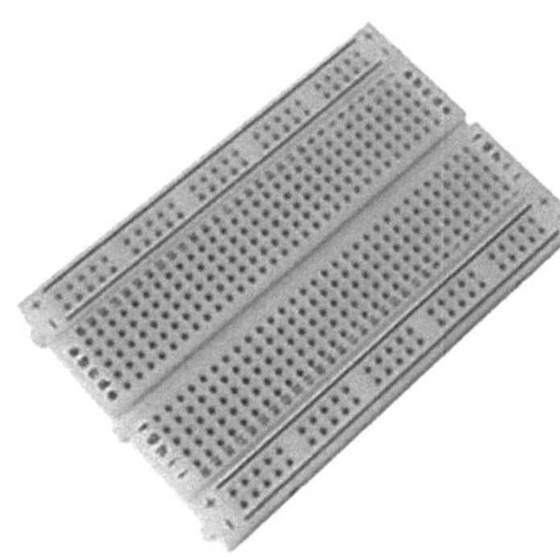

브레드보드

4) 실제 회로 구성

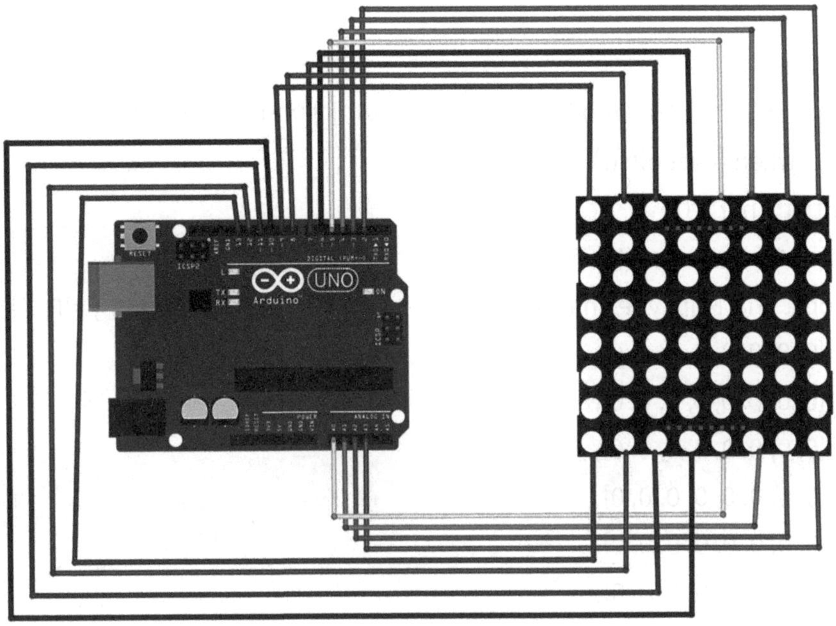

[그림 5-6] 회로 구성

5) 실습 코드

```
// 행 핀 번호의 2 차원 배열 :
const int row[8] = {
  2, 7, 17, 5, 13, 16, 12, 14
};

// 열 핀 번호의 2 차원 배열 :
const int col[8] = {
  6, 11, 10, 3, 15, 4, 8, 9
};
```

```
// 2 차원 픽셀 배열 :

int pixels[8][8];
int count = 1000;
char str[ ] = "FABCDEDCBA";             // 애니메이션 순서 바꾸기
int strLen = sizeof(str);
int ptrChar = 0;
typedef bool charMapType[8][8];
const charMapType charBlank = {         // 위 영문 순서의 (char str[ ] =)F 부분
  {0, 0, 0, 0, 0, 0, 0, 0},
  {0, 0, 0, 0, 0, 0, 0, 0},
  {0, 0, 0, 0, 0, 0, 0, 0},
  {0, 0, 0, 0, 0, 0, 0, 0},
  {0, 0, 0, 0, 0, 0, 0, 0},
  {0, 0, 0, 0, 0, 0, 0, 0},
  {0, 0, 0, 0, 0, 0, 0, 0},
  {0, 0, 0, 0, 0, 0, 0, 0}
};

const charMapType heart0 = {            // A파트 부분
  {0, 0, 0, 0, 0, 0, 0, 0},
  {0, 0, 0, 0, 0, 0, 0, 0},
  {0, 0, 0, 0, 0, 0, 0, 0},
  {0, 0, 0, 0, 0, 0, 0, 0},
  {0, 0, 0, 1, 1, 0, 0, 0},
  {0, 0, 0, 1, 1, 0, 0, 0},
  {0, 0, 0, 0, 0, 0, 0, 0},
  {0, 0, 0, 0, 0, 0, 0, 0}
};

const charMapType heart1 = {            // B파트 부분
```

```
  {0, 0, 0, 0, 0, 0, 0, 0},
  {0, 0, 0, 0, 0, 0, 0, 0},
  {0, 0, 0, 0, 0, 0, 0, 0},
  {0, 0, 0, 1, 1, 0, 0, 0},
  {0, 0, 1, 1, 1, 1, 0, 0},
  {0, 0, 1, 1, 1, 1, 0, 0},
  {0, 0, 0, 1, 1, 0, 0, 0},
  {0, 0, 0, 0, 0, 0, 0, 0}
};

const charMapType heart2 = {            // C파트 부분
  {0, 0, 0, 0, 0, 0, 0, 0},
  {0, 0, 0, 0, 0, 0, 0, 0},
  {0, 1, 1, 0, 0, 1, 1, 0},
  {1, 1, 1, 1, 1, 1, 1, 1},
  {1, 1, 1, 1, 1, 1, 1, 1},
  {0, 1, 1, 1, 1, 1, 1, 0},
  {0, 0, 1, 1, 1, 1, 0, 0},
  {0, 0, 0, 1, 1, 0, 0, 0}
};

const charMapType heart3 = {            // D파트 부분
  {0, 0, 0, 0, 0, 0, 0, 0},
  {0, 1, 1, 0, 0, 1, 1, 0},
  {1, 1, 1, 1, 1, 1, 1, 1},
  {1, 1, 1, 1, 1, 1, 1, 1},
  {0, 1, 1, 1, 1, 1, 1, 0},
  {0, 0, 1, 1, 1, 1, 0, 0},
  {0, 0, 0, 1, 1, 0, 0, 0},
  {0, 0, 0, 0, 0, 0, 0, 0}
};
```

```
const charMapType heart4 = {            // E파트 부분
  {0, 1, 1, 0, 0, 1, 1, 0},
  {1, 1, 1, 1, 1, 1, 1, 1},
  {1, 1, 1, 1, 1, 1, 1, 1},
  {0, 1, 1, 1, 1, 1, 1, 0},
  {0, 0, 1, 1, 1, 1, 0, 0},
  {0, 0, 0, 1, 1, 0, 0, 0},
  {0, 0, 0, 0, 0, 0, 0, 0},
  {0, 0, 0, 0, 0, 0, 0, 0}
};
const charMapType *charMap[6] = { &heart0, &heart1, &heart2, &heart3,
&heart4, &charBlank };

void setup() {            // I/O 핀을 출력으로 초기화
                          // 핀을 반복한다.
  for (int thisPin = 0; thisPin < 8; thisPin++) {
      // 출력 핀을 초기화
      pinMode(col[thisPin], OUTPUT);
      pinMode(row[thisPin], OUTPUT);
      // 열 핀(즉, 음극)을 높이 잡아
      //  LEDS을 끈다:
      digitalWrite(col[thisPin], HIGH);
  }
  // setupScreen();
  setupChar();
}
void loop() {             // 화면을 그립니다 :
  refreshScreen();
  if(count-- == 0){
      count = 1000;   // 속도 바꾸기
      setupChar();
```

```
  }
}

void setupChar(){
  char c = str[ptrChar];
  int offset = c - 'A';
  const charMapType *cMap = charMap[offset];
// charMapType *cMap = &charDummy;

  for (int x = 0; x < 8; x++) {
      for (int y = 0; y < 8; y++) {
        bool v = (*cMap)[x][y];
        if(v){
          pixels[x][y] = LOW;
        }
        else {
          pixels[x][y] = HIGH;
        }
      }
  }

  ptrChar++;
  if(ptrChar>=strLen-1){
      ptrChar = 0;
  }
}
void refreshScreen() {
// 행을 반복(양극)
  for (int thisRow = 0; thisRow < 8; thisRow++) {
      // 행 핀(양극)을 높게 취한다.
      digitalWrite(row[thisRow], HIGH);
```

```
      // 열 (음극)을 반복
      for (int thisCol = 0; thisCol < 8; thisCol++) {
        // 현재 픽셀의 상태를 얻는다;
        int thisPixel = pixels[thisRow][thisCol];
        // 행이 높고 열이 낮을 때
        // 만나는 LED가 켜진다.
        digitalWrite(col[thisCol], thisPixel);
        // 픽셀을 끄십시오 :
        if (thisPixel == LOW) {
          digitalWrite(col[thisCol], HIGH);
        }
      }
      // 행 핀을 낮춰 전체 행을 끕니다.
      digitalWrite(row[thisRow], LOW);
  }
}
```

5 LCD 사용하기

1) I2C LCD 슬레이브 주소

I2C 방식의 LCD를 사용하는 경우 제조사가 다른 여러 가지 종류의 LCD 모듈을 사용하게 된다. 아두이노에서 LCD 모듈을 사용하기 위해서는 LCD 슬레이브 주소를 지정해야 한다.

그리고 각각의 LCD 모듈은 LCD 슬레이브 주소가 다르다. 따라서 각각의 LCD 슬레이브 주소를 하나하나 알아내는 것도 여간 신경 쓰이는 일이 아니다. 그리고 당연히 LCD 슬레이브 주소가 다르면 LCD에 아무런 표시가 나타나지 않는다. 아마도 아두이노에서 LCD 모듈을 처음 사용해 보는 사람들이 많이 당황하게 되는 상황이 되곤 한다.

2) 실습 내용

아두이노 우노와 LCD 모듈을 연결 후 예제 프로그램을 업로드시켜서 LCD 슬레이브 주소를 알아내는 예제이다. 그리고 LCD를 사용하기 위해서 라이브러리를 추가해야 한다. 아래 그림처럼 스케치 메뉴의 라이브러리 추가하기에서 라이브러리 관리를 선택한다.

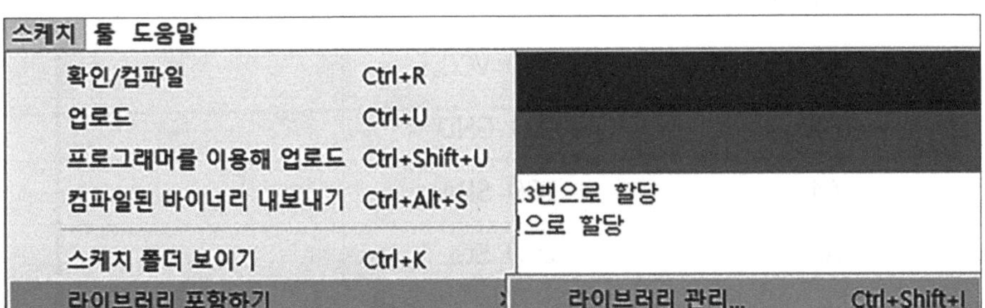

[그림 5-7] 라이브러리 관리

아래와 같이 나타나는 라이브러리 매니저 창의 우측 상단의 검색창에 "Liquid"를 입력한 후 검색 결과 중에서 LiquidCrystal_I2C를 찾아서 설치해 주면 I2C LCD의 라이브러리가 추가된다. I2C 라이브러리가 추가 설치되지 않으면 프로그램 업로드 후 계속 컴파일 에러가 발생하게 된다.

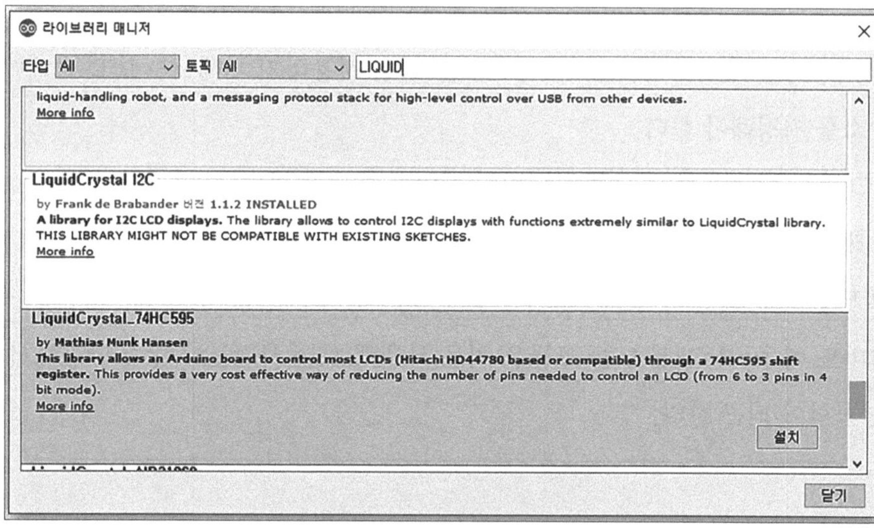

[그림 5-8] 라이브러리 업데이트

3) 아두이노와 부품 연결

LCD와 아두이노를 서로 연결하는 방법은 아두이노와 I2C 연결 방식이다.

아두이노 보드	부품	비고
5V	LCD VCC	
GND	LCD GND	
A4	LCD SDA	
A5	LCD SCL	

[표 5-5] 부품 연결

4) 실습 준비물

아두이노 우노

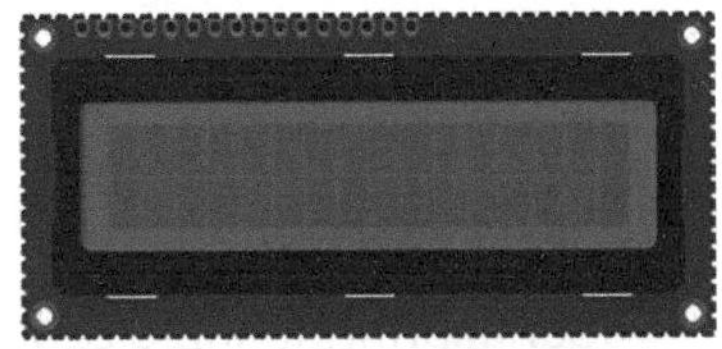

LCD IIC

5) 실제 회로 구성

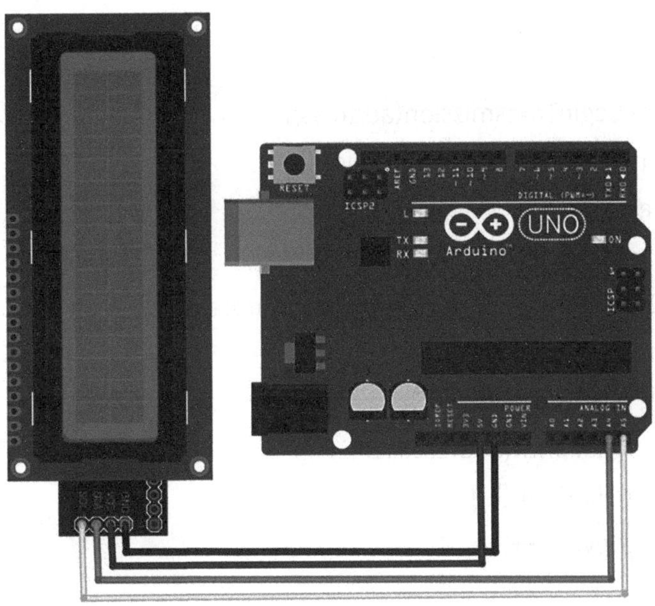

[그림 5-9] 회로 구성

6) 실습 코드

```
#include <Wire.h>
void setup()
  Wire.begin();
  Serial.begin(9600)
  while (!Serial);                  // 시리얼 모니터를 기다린다
  Serial.println("\nI2C Scanner");
}

void loop(){
  byte error, address;
  int nDevices;
  Serial.println("Scanning...");
  nDevices = 0;
  for(address = 1; address < 127; address++ )
  {

      Wire.beginTransmission(address);
        error = Wire.endTransmission();
      if (error == 0)
      {
        Serial.print("I2C device found at address 0x");
          if (address<16)
               Serial.print("0");
          Serial.print(address,HEX);
        Serial.println("  !");
          nDevices++;
      }
      else if (error==4)
```

```
    {
      Serial.print("Unknown error at address 0x");

      if (address<16)
        Serial.print("0");
      Serial.println(address,HEX);
    }
  }
  if (nDevices == 0)
      Serial.println("No I2C devices found\n");
  else
  Serial.println("done\n")
  delay(5000);          // 5초 지연
}
```

프로그램 업로드 후 시리얼 모니터 아이콘을 클릭하면 아래와 같이 모니터링 화면에 LCD 슬레이브 주소가 나타난다.

물론 LCD 모듈 제조사마다 LCD 슬레이브 주소는 다르므로 "0x27" 혹은 "0x29" 혹은 "0x3f" 로 표시된다. 그리고 그외 여러 가지 주소가 있을 수 있다. 따라서 LCD 슬레이브 주소를 확인 후 해당 주소를 사용하면 된다.

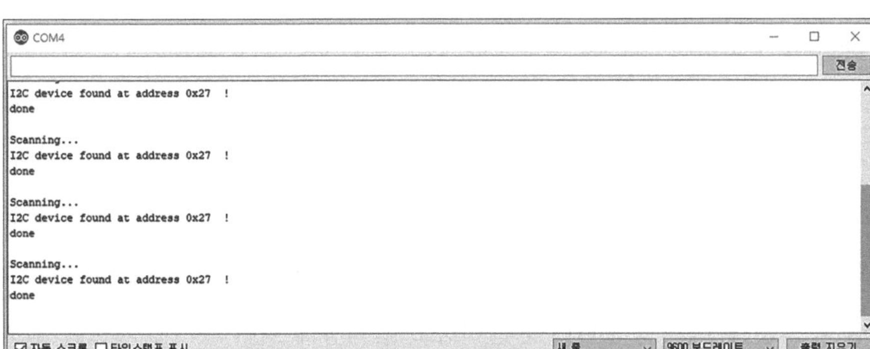

[그림 5-10] LCD 슬레이브 주소

6 I2C LCD에 TEXT 표시하기

1) 실습 내용

아두이노와 LCD를 연결한다. LCD 연결 때는 방금 전 설명한 것처럼 LCD의 슬레이브 주소를 먼저 알아야 한다. 이번 시간에는 아래 프로그램을 코딩 후 아두이노로 업로드하면 "Hello Kevin Kim"가 먼저 LCD의 윗줄에 디스플레이 되고 아랫줄에 "LCD Display Test"가 표시된다.

참고로 프로그램에 있는 LCD의 설정값 0x27, 16, 2의 의미는 LCD 슬레이브 주소는 0x27이고, 문자 표시는 16열, 2행으로 표시 가능함을 의미한다. 다시 한번 주의할 점은 LCD 슬레이브 주소는 LCD 모듈 제조사에 따라서 다르다.

프로그램 예제를 업로드한 후 LCD에 디스플레이되는 텍스트를 보면 LCD의 상단 0번 행에는 "Hello Kevin Kim" 이 표시되고, 하단 1번 행에는 " LCD Display Test" 표시되는 것을 알 수 있다. Kevin Kim은 저자의 막내아들(예준)의 영어 이름이다. 참고로 프로그램 코드 중에서 LiquidCrystal_I2C lcd(0x27,16,2)는 LCD 라이브러리 인증용이다. 혹시 LCD에서 아무런 표시가 나타나지 않을 경우 LCD 모듈 제조사마다 슬레이브 주소가 다르기 때문에 0x27 혹은 0x29 혹은 0x3f 등으로 변경하며 테스트할 수도 있다. 프로그램을 업로드한 후 LCD에 글자가 잘 안 보일 경우 시계 드라이버를 이용해서 LCD 모듈 뒤편에 있는 직사각형 가변저항을 조금씩 조정해 보면 밝기가 달라지는 것을 확인할 수 있다.

그리고 아두이노의 LiquidCrystal_I2C 라이브러리는 LCD (liquid crystal) 표시 장치를 구동하기 위한 라이브러리이다.

라이브러리를 이용하기 위해서는 다음의 프로그램처럼 프로그램 시작 부분에 해당 헤더 파일을 포함해야 한다. 프로그램 업로드 후 LCD에 문자들이 표시되는 것을 확인한 후 시리얼 모니터를 클릭하고 입력창에 여러 가지 문자들을 입력하면 LCD의 표시 문자들이 변경된다.

2) 아두이노와 부품 연결

아두이노 보드	부품	비고
5V	LCD VCC	
GND	LCD GND	
A4	LCD SDA	
A5	LCD SCL	

[표 5-6] 부품 연결

3) 실습 준비물

아두이노 우노

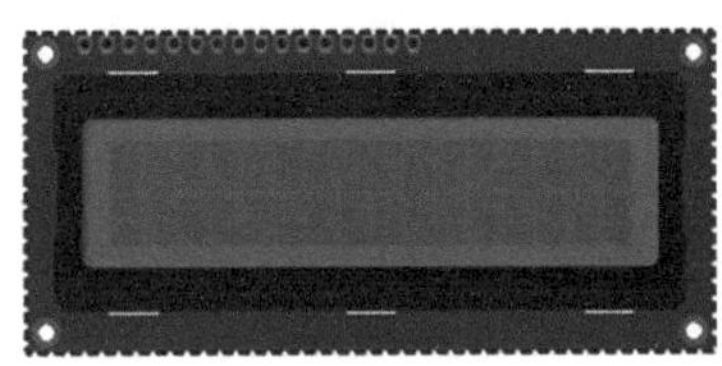

LCD IIC

4) 실제 회로 구성

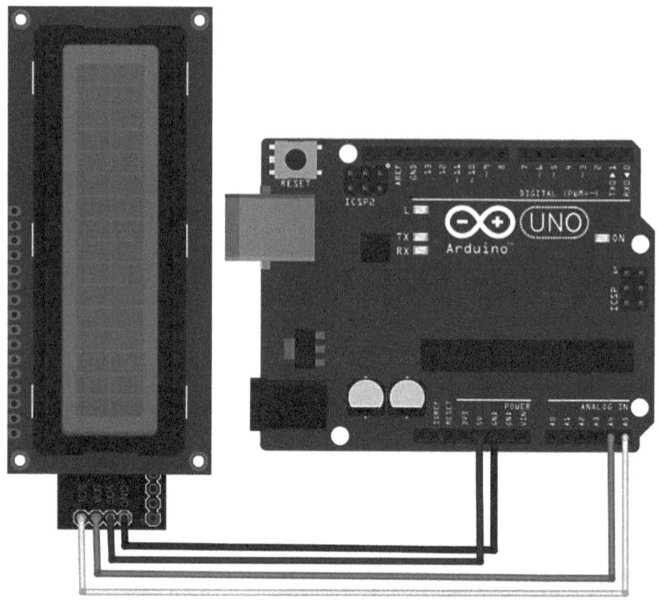

[그림 5-11] 회로 구성

5) 실습 코드

```
#include <Wire.h>                          // I2C 제어 라이브러리
#include <LiquidCrystal_I2C.h>             // LCD 라이브러리
LiquidCrystal_I2C lcd(0x27,16,2);          // 0x27 혹은 0x29 혹은 0x3f를 넣으면서
                                    // LCD를 확인하세요. 16문자열(칸)과 2개 행 표시
void setup()
  {
  lcd.init();                       // LCD 초기화
                                    //  LCD에 문자를 표시하기
  lcd.backlight();                  // LCD  back light 켜기
      lcd.setCursor(0,0);                  // LCD 0번행 0번열(칸)부터
      lcd.print("Hello Kevin Kim");        // "Hello Kevin Kim"를 LCD에 표시
        lcd.setCursor(0,1);                // LCD 1행 0번 칸부터
      lcd.print("LCD Display Test");       // "LCD Display Test"를 LCD에 표시
      Serial.begin(9600);
  }

void loop()  {
  if (Serial.available()) {         // 만약 시리얼 모니터 입력창에 문자가 입력되면
                                    // 전체 문자열이 들어올 때까지 잠시 기다린다.
      delay(50);         // 잠시 기다리는 시간은 50ms
      lcd.clear();       // LCD에 문자를 띄우기 전 남아 있던 문자를 모두 정리한다.
                         // 전송된 모든 문자를 표시한다.
      while (Serial.available() > 0) {     // 기다리던 문자가 들어오면
        lcd.write(Serial.read());          // LCD에 write 한다.
      }
  }
}
```

write( ) 함수는 입력을 아스키(ASCII) 형태로 데이터를 받으며 print( ) 함수는 문자열이나 상수(변수)값을 받는다.

함수	기능	비고
void begin(row, col)	LCD를 초기화한다.	
void clear( )	화면을 지운 후 커서를 처음 자리로 옮긴다.	
void home( )	화면은 그대로 놔둔 채로 커서만 (0, 0)자리로 옮긴다.	
setCursor(col, row)	커서를 (col, row)자리로 옮긴다.	
byte write(data)	한 문자를 출력한다.	
print(data, BASE)	문자열이나 변숫값을 출력한다.	
createChar( )	사용자 (그림)문자를 생성한다. (8개까지 가능함)	
void cursor( )	(밑줄)커서를 표시한다.	
void noCursor( )	커서를 표시하지 않는다.	
void blink( )	깜박이는 커서를 표시한다.	
void noBlink( )	커서를 표시하지 않는다.	
void display( )	내용을 표시한다.	
void noDisplay( )	내용을 표시하지 않는다. (메모리에 내용은 남아 있음)	
scrollDisplayLeft( )	표시된 내용을 왼쪽으로 한 칸 이동한다. (회전)	
scrollDisplayRight( )	표시된 내용을 오른쪽으로 한 칸 이동한다. (회전)	
void autoscroll( )	기존 내용을 좌로 이동시킨 후 현재 내용을 표시	

[표 5-7] LCD 관련 함수 명령어

7 온습도 센서값 LCD에 표시하기

이번에는 아두이노와 LCD 그리고 온습도 센서를 서로 연결하여 실습을 한다.

온습도 센서를 아두이노와 연결하고 현재의 온도와 습도값을 LCD에 표시하는 것이다.

프로그램 예제를 코딩 후 아두이노로 업로드하면 LCD의 윗줄(0번 행)에는 "Temp(Temperature) ??C"가 표시되고 아랫줄(1번 행)에는 "Humi(Humidity) ??%"가 표시된다.

온습도 센서 모듈은 DHT11 혹은 DHT22를 사용하는 온습도 센서 모듈이다. 온습도 센서는 서미스터를 사용하여 관련되는 온습도를 측정한다.

서미스터(thermistor)는 저항기의 일종이며, 주위의 온도에 따라 물질의 저항이 변화하는 성질을 이용한 전기적 장치이다. 보통 열가변 저항기라고도 하며, 주로 회로의 보호를 위해서 전류가 일정 이상으로 오르는 것을 방지하거나, 회로의 온도를 감지하는 센서로써 이용된다.

서미스터는 주로 폴리머나 세라믹 소재로 제작되며, 섭씨 영하 90도에서 130도 사이에서 높은 정확도로 온도를 측정할 수 있다. 이러한 점에서 순수한 금속을 사용하여 고온의 온도를 측정하는 저항 온도계와는 차이를 보이다. 실험에 사용하는 센서 모듈의 종류를 보고 각각 알맞은 라이브러리를 추가해야한다.

DHT11 혹은 DHT22는 온도와 습도를 측정하는 비교적 저렴한 센서로 이 센서 모듈은 내장 LED와 10KΩ의 저항을 가지고 있다. 서미스터의 저항이 온도 변화에 따라 선형으로 변화한다고 가정한다면 저항과 온도와의 관계는 다음 식과 같이 나타낼 수 있다.

$\Delta R = k \Delta T$ 이때,

ΔR = 저항의 변화량

ΔT = 온도의 변화량

k = 1차 저항 온도 계수이다.

저항의 온도 계수에 따라 서미스터는 크게 두 가지 종류로 구분할 수 있다.

만일 k〉0인 경우에는 서미스터의 저항은 온도에 따라 증가하게 되며, 이러한 서미스터의 특성을 정특성 서미스터(PTC thermistor: Positive Temperature Coefficient thermistor)라 한다.

반대로 k〈0인 경우에는 서미스터의 저항은 온도가 증가하면 감소하게 되며, 이를 부특성 서미스터(NTC thermistor: Negative Temperature Coefficient thermistor)라 한다.

서미스터는 미세한 온도 변화에 대응해서 저항의 변화가 크게 일어나도록 만들어진다. 따라서 이런 방법으로 만들어진 서미스터는 미세한 온도의 측정을 해야 하는 체온계나 온도계, 습도계, 기압계, 풍속계 등에 활용된다.

2) 아두이노와 부품 연결

아두이노 우노 핀(Pin)	부품	비고
5V	LCD I2C VCC	
GND	LCD I2C GND	
A4	LCD I2C SDA	
A5	LCD I2C SCL	
D13	온습도 센서 DATA	
5V	온습도 센서 VCC	
GND	온습도 센서 GND	

[표 5-8] 부품 연결

3) 실습 준비물

아두이노 우노

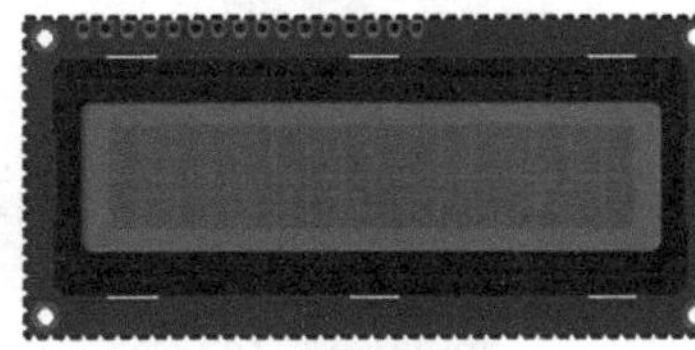

LCD

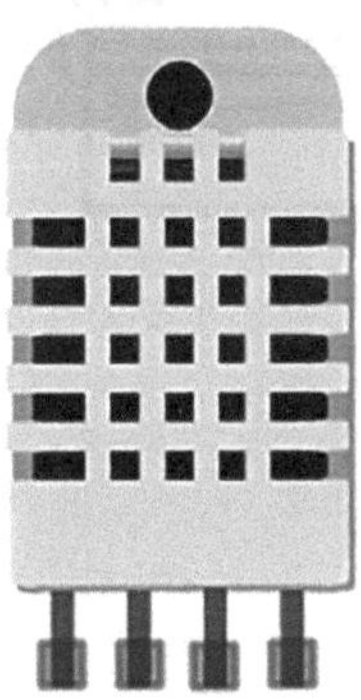

온습도 센서

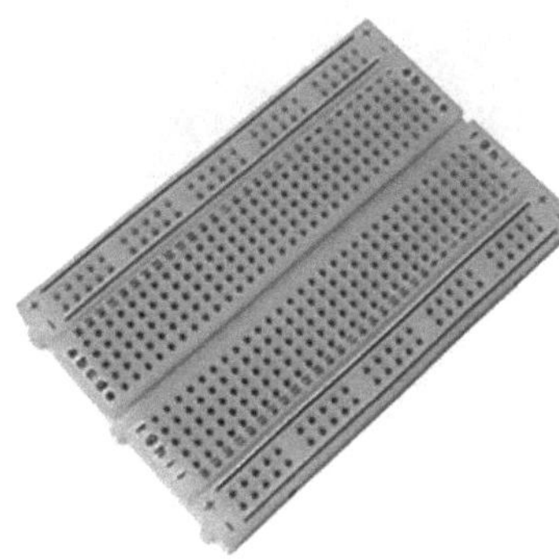

브레드보드

4) 실제 회로 구성

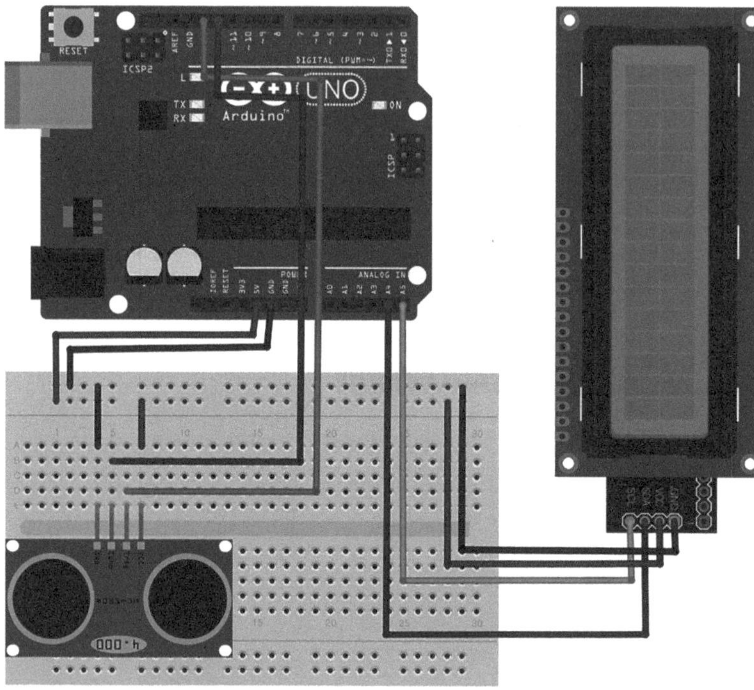

[그림 5-12] 회로 구성

5) 실습 코드

```
#include <Wire.h>
#include <LiquidCrystal_I2C.h>          // LCD 라이브러리
#include "DHT.h                         // DHT.h 라이브러리

LiquidCrystal_I2C lcd(0x27, 16, 2);     // 0x27 또는 0X29 0x3f 등 확인 필요함.
#define DHT11_Read_PIN 13               // DHT 핀의 DATA를 D13번으로 연결
#define DHTTYPE DHT11                   // DHT 타입을 DHT11로 정의
DHT dht(DHT11_Read_PIN, DHTTYPE);             // DHT 설정 – dht11, D13 연결,
타입dht11)
```

```
void setup()
{
  lcd.init();                     // LCD 초기화
  lcd.backlight();                // LCD 백라이트 켜기
}
/* 센서에서 읽어 온 온습도 데이터를 dht.readHumidity() 함수와 dht.read-
Temperature() 함수의 각 변수에 측정된 값을 저장하고 저장된 온습도값을 LCD
에 출력한다 */
void loop()
{
  delay(1000); // 센서가 온습도 값을 차례대로 읽어오는 시간 간격을 주기 위해 설정

  int humi = dht.readHumidity();        // 변수 humi에 습도값 저장
  int temp = dht.readTemperature(); // 변수 temp에 온도값 저장

  lcd.setCursor(0, 0);            // LCD 0번 행의 0번 열에
  lcd.print("Temp : ");           // TEMP: 나타내기
  lcd.print(temp);                // 읽어온 온도값을 나타내기
  lcd.setCursor(11,0);            // LCD 0번 행의 11번 열에
  lcd.print('C');                 // C (온도 단위) 표시하기

  lcd.setCursor(0, 1);            // LCD 1번 행의 0번 열에
  lcd.print("Humi : ");           // HUMI: 나타내기
  lcd.print(humi);                // 읽어 온습도 값을 나타내기
  lcd.setCursor(11,1);            // LCD 1번 행의 11번 열에
  lcd.print('%');                 // %(습도 단위) 표시하기
}
```

6) 응용

28도 이상 감지되면 LED가 ON 되고 습도값을 1초 간격으로 표시

7) 아두이노와 부품 연결

아두이노 우노 핀(Pin)	부품	비고
5V	LCD I2C VCC	
GND	LCD I2C GND	
A4	LCD I2C SDA	
A5	LCD I2C SCL	
D13	온습도 센서 DATA	
5V	온습도 센서 VCC	
GND	온습도 센서 GND	
D8	LED +	
GND	LED -	저항 추가

[표 5-9] 부품 연결

8) 실습 준비물

아두이노 우노

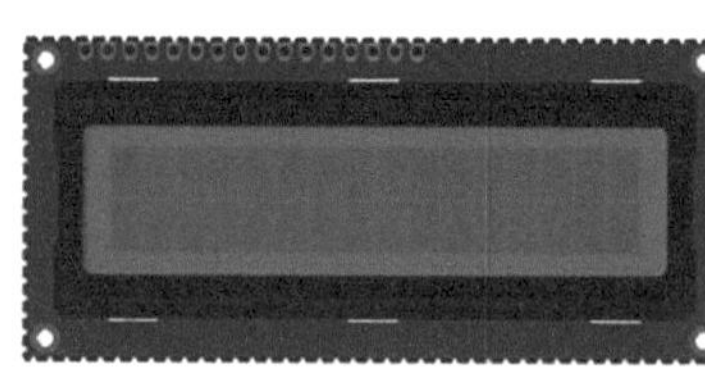

LCD

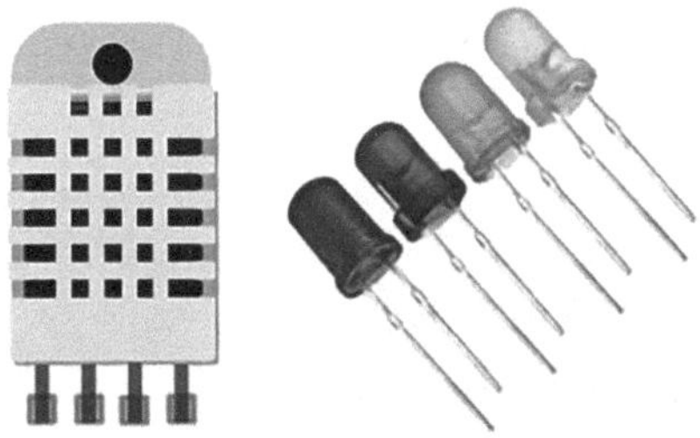

온습도 센서, LED

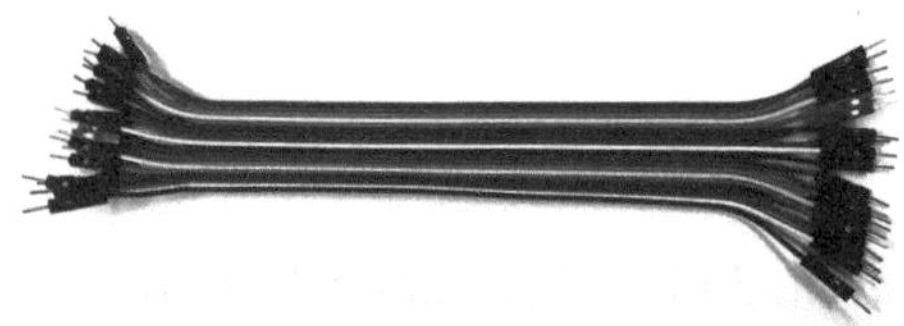

케이블

9) 실제 회로 구성

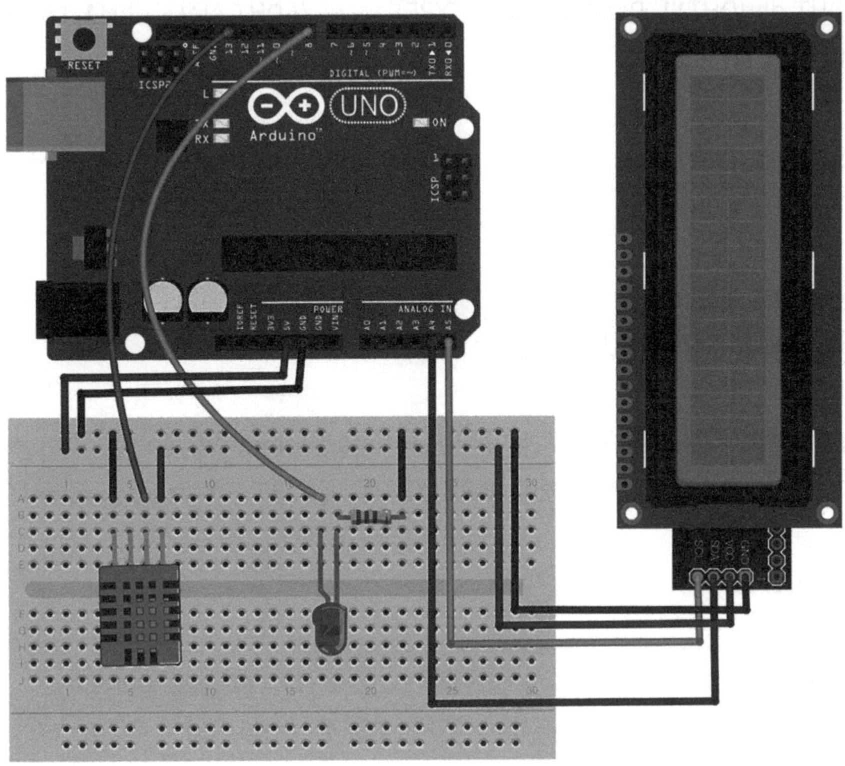

[그림 5-13] 회로 구성

10) 실습 코드

```
#include <Wire.h>
#include <LiquidCrystal_I2C.h>          // LCD 라이브러리
#include "DHT.h"                        // DHT.h 라이브러리

int led_R = 8;   // LED_R  8번 연결

LiquidCrystal_I2C lcd(0x27, 16, 2);     // 0x27 또는 0X29 0x3f 등 확인 필요함.
#define DHT11_Read_PIN 13               // DHT 핀의 DATA를 D13번으로 연결
#define DHTTYPE DHT11                   // DHT 타입을 DHT11로 정의
DHT dht(DHT11_Read_PIN, DHTTYPE);          // DHT 설정 – dht11, D13 연결,
타입dht11)

void setup( )
{
  lcd.init( );                          // LCD 초기화
  lcd.backlight( );                     // LCD 백라이트 켜기
  pinMode(led_R,OUTPUT);                // led_R 출력 설정
}
/* 센서에서 읽어 온 온습도 데이터를 dht.readHumidity() 함수와 dht.read-
Temperature( ) 함수의 각 변수에 측정된 값을 저장하고 저장된 온습도 값을 LCD
에 출력한다 */
void loop( )
{
  delay(1000);                    // 센서가 온습도 값을 차례대로 읽어 오는
                                     시간 간격을 주기 위해 설정

  int humi = dht.readHumidity( );            // 변수 humi에 습도값 저장
  int temp = dht.readTemperature( );         // 변수 temp에 온도값 저장
```

```
  lcd.setCursor(0, 0);              //  LCD 0번 행의 0번 열에
  lcd.print("Temp : ");             // TEMP : 나타내기
  lcd.print(temp);                  // 읽어온 온도값을 나타내기
  lcd.setCursor(11,0);              //  LCD 0번 행의 11번열에
  lcd.print('C');                   // C (온도 단위)표시하기

  lcd.setCursor(0, 1);              // LCD 1번 행의 0번 열에
  lcd.print("Humi : ");             // HUMI: 나타내기
  lcd.print(humi);                  // 읽어 온 습도값을 나타내기
  lcd.setCursor(11,1);              // LCD 1번 행의 11번 열에
  lcd.print('%');                   // % (습도 단위) 표시하기

     if(temp>27)                    // 만약 온도가 27도 이상이 되면
      {
           digitalWrite(8,HIGH);    // led_R on
        }
             else                   // 아니면
             {
    digitalWrite(8,LOW);            // led_R은 OFF
   }
  delay(1000);
  lcd.setCursor(7,1);               // LCD 1번 행 7번 열의
  lcd.print("  "); // 습도값만 1초 간격으로 나타내지 않음(1초 간격으로 표시해 줌)
}
```

8 초음파 센서값 LCD에 표시하기

1) 실습 내용

초음파 센서 초음파 트리거 신호와 에코 신호의 측정 거리값을 읽어온 후 다시 LCD에서 표시하도록 한다.

프로그램을 코딩 후 아두이노로 업로드하면 LCD의 윗줄(0번 행)에는 "Ultrsonic Test"가 표시되고 아랫줄(1번 행)에는 "Distance ?? cm"가 표시된다. LCD 연결방법과 초음파 센서의 신호선 연결은 이전 실험과 동일한 방법이다.

초음파 센서를 사용할 때 일부 알아야 할 내용이 있다. 먼저 소리의 속도는 1초당 340m이다. 그리고 이번 실습에 사용하는 초음파 센서를 이용한 거리 측정은 cm를 사용하고 초음파 센서의 발생 주기는 마이크로세컨드(0.000001초)를 사용한다.

따라서 $V(\text{속도}) = \frac{L(\text{거리})}{t(\text{초})}$ 이므로 $\frac{34000cm}{1000000us} = 0.034$ 를 구할 수 있다.

그리고 초음파 신호는 Trigger에서 발생한 신호가 목표 물체에 닿은 후 반사되어 돌아오는 것을 Echo에서 감지하는 구조이므로 반사되어 돌아오는 초음파 신호의 시간을 2로 나누어 줘야 한다.

따라서 $\frac{0.034}{2} = 0.017$를 구할 수 있으며 부동 소숫점 계산을 하는 것은 다소 어려운 프로그램 부분이므로 $\frac{1}{0.017} = 58.82$ 를 구하고 결과 58.82의 소수점을 제외한 58을 기준으로 거리를 측정한다.

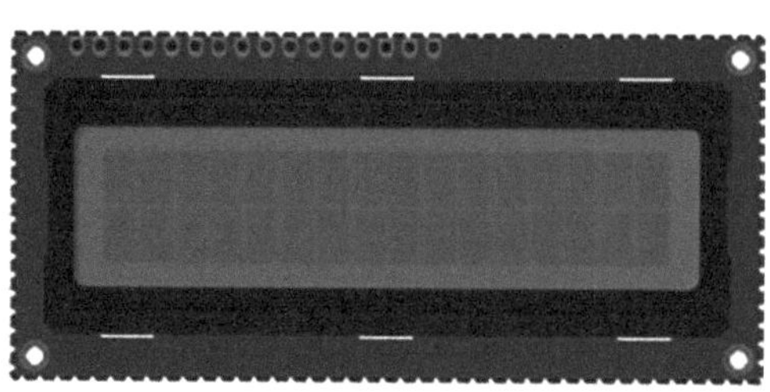

[그림 5-14] LCD

2) 아두이노와 부품 연결

아두이노 보드	부품	비고
5V	LCD VCC	
GND	LCD GND	
A4	LCD SDA	
A5	LCD SCL	
D13	초음파 센서 Trig	
D12	초음파 센서 Echo	

[표 5-10] 부품 연결

3) 실습 준비물

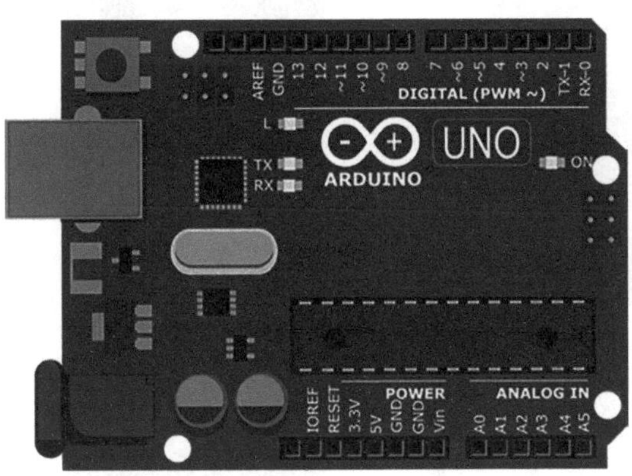

아두이노 우노

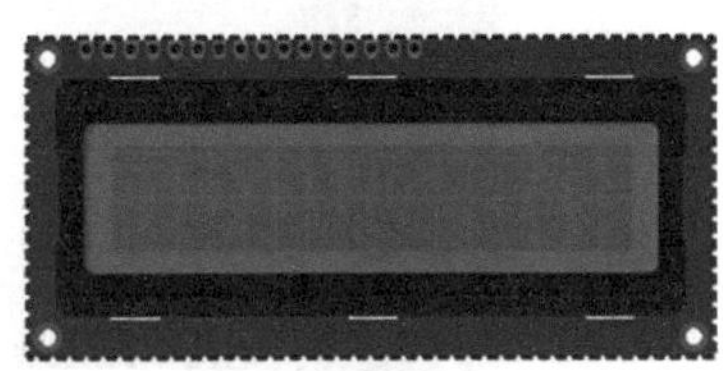

LCD

초음파 감지 센서

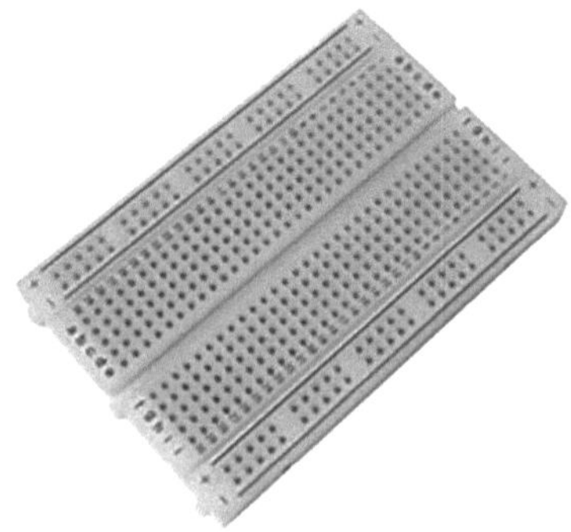

브레드보드

4) 실제 회로 구성

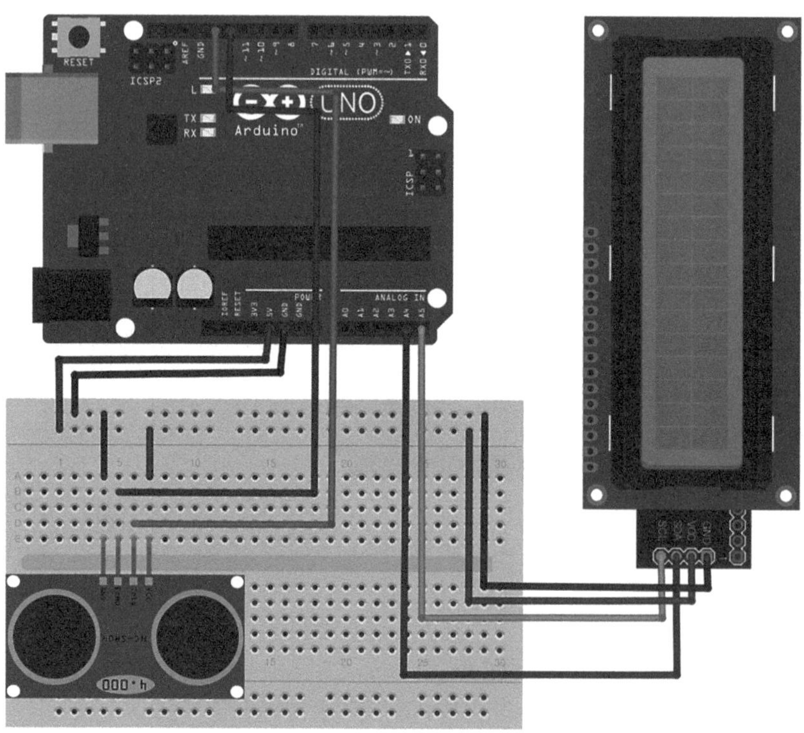

[그림 5-15] 회로 구성

5) 실습 코드

```
#define trigPin 13                // 트리거 핀을 13번으로 할당
#define echoPin 12                // 에코 핀을 12번으로 할당
#include <Wire.h>
#include <LiquidCrystal_I2C.h>
LiquidCrystal_I2C lcd(0x3f,16,2);
void setup()
{
  lcd.init();                     // LCD 초기화
  lcd.backlight();                // LCD.back light ON
  Serial.begin (9600);
  pinMode(trigPin, OUTPUT);             // 트리거 핀 OUTPUT 설정
  pinMode(echoPin, INPUT);              // 에코 핀 INPUT 설정
  lcd.setCursor(0,0);             // LCD 커서 위치 셋  0번 행의 0번 열
  lcd.print("UltraSonic Test");  // 0번 행의 0번 열부터 UltraSonic Test 표시
  lcd.setCursor(0,1);             // LCD 커서 위치 셋  1번 행의 0번 열
  lcd.print("Distance");          // 1번 행의 0번 열부터 Distance 표시
  lcd.setCursor(14,1);            // LCD 커서 위치 셋  1번 행의 14번 열
  lcd.print("cm");                //  LCD 1번 행의 14번 열부터 cm 표시
}
  long microsecondsToCentimeters(long microseconds) // 초음파 센서
                                                         거리 측정
{
  return microseconds / 58;
}
void loop()
{
long duration, cm;                // long형 duration, cm 설정
  digitalWrite(trigPin, LOW);  // 트리거 신호 off
  delayMicroseconds(10);
```

```
  digitalWrite(trigPin, HIGH);            // 트리거 신호 on
  delayMicroseconds(10);
  digitalWrite(trigPin, LOW);             // 트리거 신호 off
  duration = pulseIn(echoPin, HIGH); // 트리거 신호 후 반사되어 수신된
                                          // 에코 신호가 HIGH가 되는 시점을
                                             duration으로 반환
  cm = microsecondsToCentimeters(duration); // duration으로 반환된
                                                값으로 거리 환산

  if (cm>=10)                       // 거리값이 10cm 이상일 경우
  {
  lcd.setCursor(9,1);               // LCD 1행의 9번 열부터 5칸을 빈칸으로 표시
      lcd.print("     ");           // "스페이스바를 이용해서 5칸"
  lcd.setCursor(10,1);              // LCD 1행의 10번 열부터
      lcd.print(cm,DEC);            // cm값을 표시
  } else        // 만약  거리값이 10cm 이상일 경우가 아니라면(이하라면)
  {
  lcd.setCursor(9,1);               // LCD 1행의 9번 열부터 5칸을 빈칸으로 표시
      lcd.print("     ");           // "스페이스바를 이용해서 5칸"
  lcd.setCursor(11,1);              // LCD 1행의 11번 열부터
      lcd.print(cm,DEC);            // cm값을 표시
  }
  Serial.print(cm);                 // 시리얼 모니터 표시
  Serial.println("  cm");
      delay(1000);                  // 1초 지연 간격 반복 실행
}
```

9 불꽃 감지 센서 신호 LCD에 표시하기

1) 실습 내용

이번에는 불꽃 감지 센서의 센싱 결과 불꽃이 감지되면 LCD에 나타내고 피에조 부저를 울리도록 한다. 불꽃이 감지되면 피에조 부저가 울리고 LCD의 백라이트가 켜지는 것이다.

그리고 LCD에 119가 계속 표시가 된다. 상황이 종료되면 LCD의 백라이트는 OFF 되고 화면은 초기화된다.

2) 아두이노와 부품 연결

아두이노 보드	부품	비고
5V	LCD VCC	
GND	LCD GND	
A4	LCD SDA	
A5	LCD SCL	
A0	불꽃 감지 센서 DATA	
D13	불꽃 감지 센서 (+) VCC	
D12	불꽃 감지 센서 (G) GND	

[표 5-11] 부품 연결

3) 실습 준비물

아두이노 우노

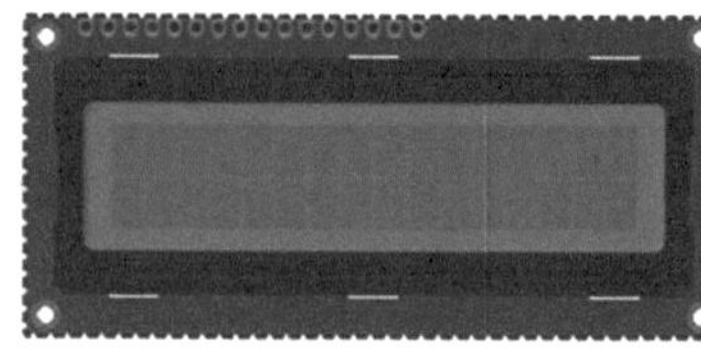

LCD

불꽃 감지 센서

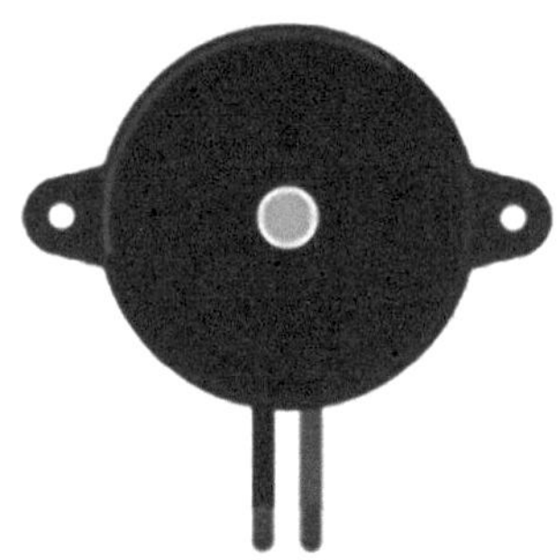

부저

4) 실제 회로 구성

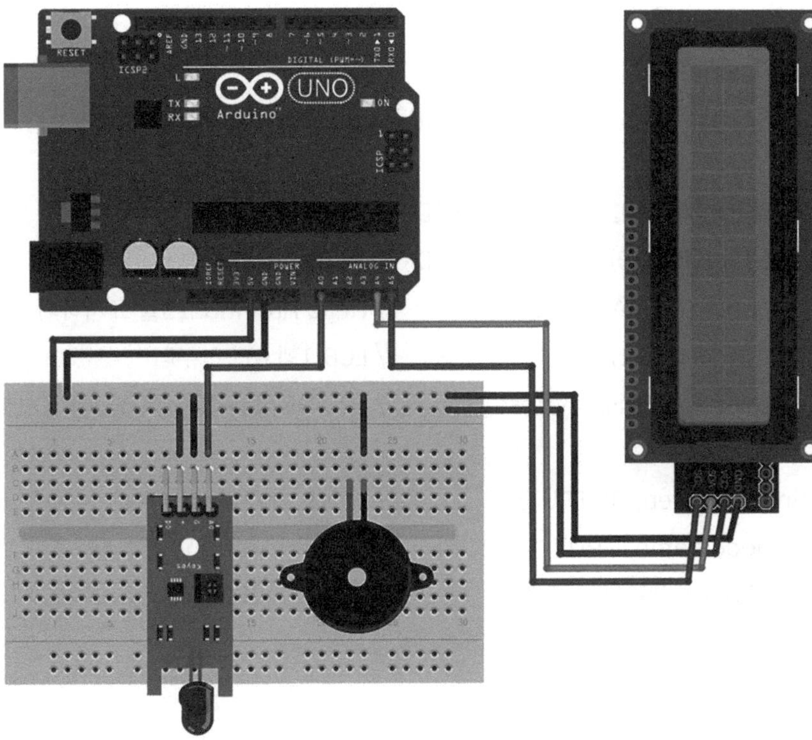

[그림 5-16] 회로 구성

5) 실습 코드

```
#include <Wire.h>                    // I2C control library
#include <LiquidCrystal_I2C.h>       // LCD library
 LiquidCrystal_I2C lcd(0x3f,16,2);


int flame = A0;                  // 포토트랜지스터가 연결된 아날로그 핀
int Beep = 12;                   // 피에조 부저가 연결된 디지털 핀
int val = 0;                     // 센서 출력값 저장 변수
```

```
void setup() {

        lcd.init();                    //  LCD 초기화하기

                                       //  LCD에 문자를 표시하기

  // lcd.backlight();                  // LCD  backlight를 켜기
  lcd.setCursor(0,0);                  // LCD 0번 행 0번 칸부터
  lcd.print("Hello Arduino123");            // Hello Arduino123를 표시하기
  lcd.setCursor(0,1);                       // LCD 1행 0번 칸부터
  lcd.print("LCD Display Test");            // LCD Display Test를 LCD에 표시하기

  pinMode(Beep, OUTPUT);                    // 피에조 부저 출력 설정
  pinMode(flame,INPUT);                     // 포토트랜지스터 입력 설정
  Serial.begin(9600);                       //시리얼 모니터 설정
}

void loop() {
  val = analogRead(flame);     // 포토트랜지스터에서 값을 읽어옴
  Serial.println(val);         // 포토트랜지스터 입력값 시리얼 모니터로 출력
  if(val <= 900)          // 포토트랜지스터 입력값이 1000 이상이면 BEEP 실행,
                          // 환경에 따라 적절한 값으로 조절 필요
  {
     digitalWrite(Beep,HIGH);               //피에조 부저 BEEP

  lcd.backlight();                          // LCD  backlight를 켜기
  lcd.setCursor(0,0);                       // LCD 0번 행 0번 칸부터
  lcd.print(" FIRE FIRE FIRE");             // FIRE를 표시하기
  lcd.setCursor(0,1);                       // LCD 1행 0번 칸부터
  lcd.print(" 119  119  119");              // 119를 LCD 표시
  delay(300);
```

```
lcd.noBacklight();                    // LCD 백라이트 OFF
delay(300);
lcd.backlight();                      // LCD backlight를 켜기
lcd.setCursor(0,0);                   // LCD 0번 행 0번 칸부터
lcd.print(" FIRE FIRE FIRE");         // FIRE를 표시하기
lcd.setCursor(0,1);                   // LCD 1행 0번 칸부터
lcd.print(" 119  119  119");          // 119를 LCD에 표시하기
delay(500);
lcd.noBacklight();                    // LCD 백라이트를 OFF
delay(300);
lcd.backlight();                      // lcd  backlight를 ON
//scroll right, left
lcd.print("FIRE FIRE  FIRE");
for (int positionCounter = 0; positionCounter < 16; positionCounter++)
{
    lcd.scrollDisplayRight();
    delay(300);
}
lcd.clear();

lcd.print("     119 119 119 119");
for (int positionCounter = 0; positionCounter < 16; positionCounter++)
{
    lcd.scrollDisplayLeft();
    delay(300);
}
lcd.clear();

//autoscroll
lcd.print("     119 119 FIRE 119");
lcd.setCursor(15,1);
```

```
  lcd.autoscroll();
  for (int i=0; i < 10 ; i++) {
      lcd.print(i);
      delay(100);
  }
  lcd.clear();

  lcd.init();
}


        else{
        digitalWrite(Beep,LOW);          // 피에조 부저 OFF
        lcd.noBacklight();               // LCD 백라이트를 끈다.

 }
 delay(100);
}
```

10 미세먼지 센서값 LCD에 표시하기

1) 실습 내용

미세먼지 센서와 온습도 센서 그리고 LCD를 복합적으로 연동시켜서 사용하는 실습이다.

아두이노 보드 1개, 브레드보드 1개, led 2개, 점퍼 케이블, 미세먼지 센서 1개, 150옴 저항 3개, 220옴 저항 1개, 220 캐패시터, 3핀 터미널 커넥터, DHT11 온습도 센서를 이용하여 실습 회로를 구성한다. 실습 진행에 사용되는 선이 많으므로 배선 연결에 유의한다. 프로그램을 업로드하면 온습도 센서의 온도, 습도 측정 값과 미세먼지 측정값을 LCD에 계속 표시하는 동작을 한다.

2) 아두이노와 부품 연결

아두이노 우노 핀(Pin)	부품	비고
5V	온습도 센서 VCC	
D2	온습도 센서 DATA	
GND	온습도 센서 GND	
5V	미세먼지 센서 Vled	
5V	미세먼지 센서 VCC	
GND	미세먼지 센서 GND	
GND	미세먼지 센서 GND	
A0	미세먼지 센서 V0	
D12	미세먼지 센서 LED	
5V	LCD VCC	
GND	LCD GND	

아두이노 우노 핀(Pin)	부품	비고
A4	LCD SDA	
A5	LCD SCL	
	저항 150옴	
	캐패시터(220uf 10V)	

[표 5-12] 부품 연결

아두이노

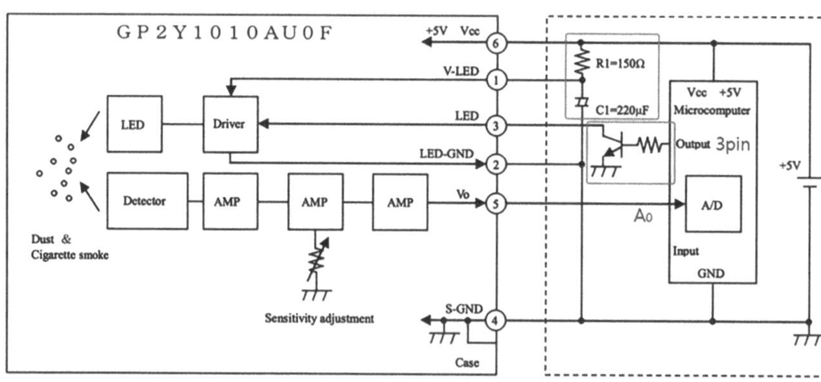

[그림 5-17] 미세먼지 센서 모듈 회로

3) 실습 준비물

아두이노 우노

캐패시터

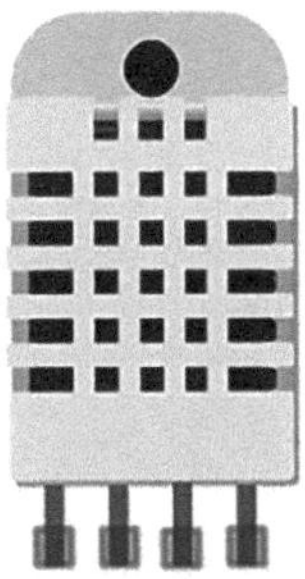

온습도 센서

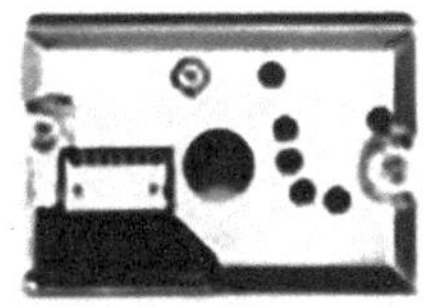

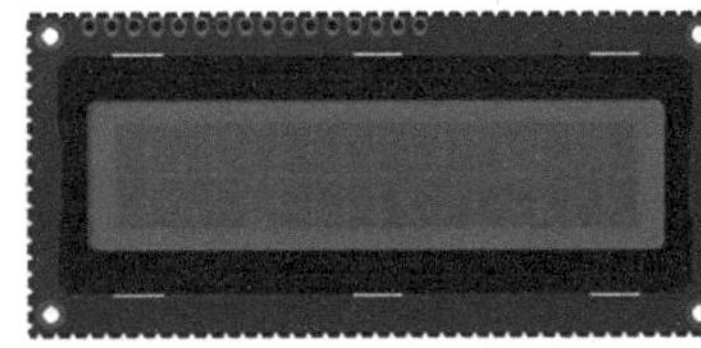

미세먼지 센서와 LCD

4) 실제 회로 구성

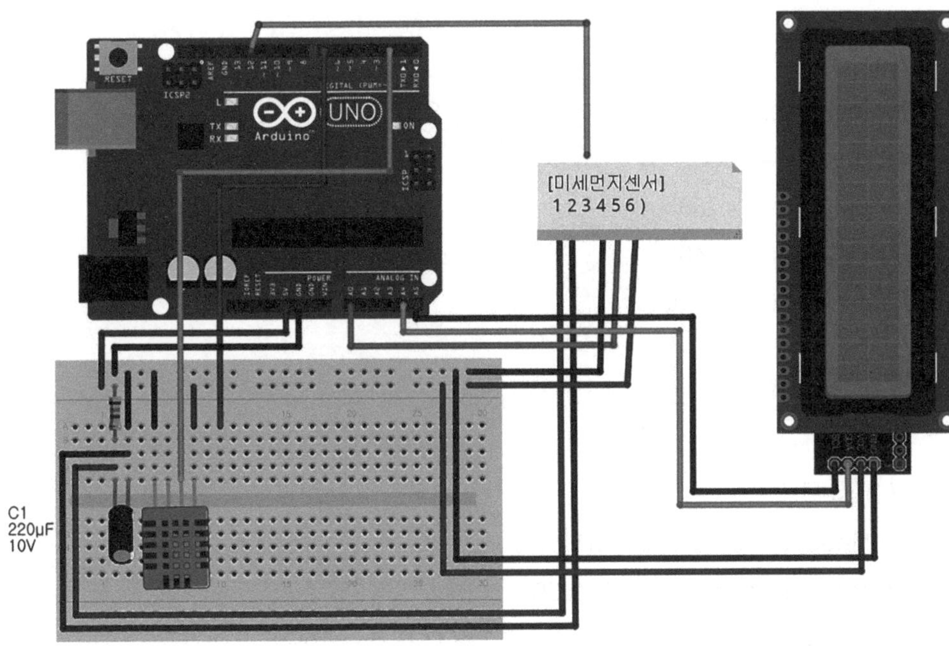

[그림 5-18] 회로 구성

5) 실습 코드

```
#include <Wire.h>                      // I2C control library
#include <LiquidCrystal_I2C.h>         // LCD library
#include<SimpleDHT.h>
LiquidCrystal_I2C lcd(0x3f,16,2);      // LCD 라이브러리 인증하기는
                                       // LCD 제조사마다 다르기 때문에
                                       // 0x27나 0x3f로 변경하며 테스트하세요.

// DHT11
int pinDHT11 = 2;
SimpleDHT11 dht11;

// Dust
int ledPower = 12;                     // Sensor Pin 3 – Digital 3pin
int dustPin = A0;                      // Sensor Pin 5 – A0 pin
int delayTime = 280;
int delayTime2 = 40;
float offTime = 9680;

void setup()
{
// Dust
pinMode(ledPower, OUTPUT);
pinMode(dustPin, INPUT); //LCD
lcd.init();                            // LCD 초기화하기

lcd.backlight();
Serial.begin(9600);
}
```

```
void loop()
{
// DHT11
byte temperature = 0;
byte humidity = 0;
int err = SimpleDHTErrSuccess;

if ((err = dht11.read(pinDHT11, &temperature, &humidity, NULL)) !=
SimpleDHTErrSuccess)
{
lcd.print("Read DHT11 failed, err=");
lcd.println(err);
delay(1000);
return;
}

//Dust
digitalWrite(ledPower, LOW);            // power on the LED
delayMicroseconds(delayTime);

float dustVal = analogRead(dustPin);

delayMicroseconds(delayTime2);
digitalWrite(ledPower, HIGH);           // turn the LED off
delayMicroseconds(offTime);

// calculate dust density

// y (dust density mg/m3) = 0.172*x - 0.0999
float dustDensity = (0.172*(dustVal*(5/1024.0))-0.0999)*1000;
```

PART

6

아두이노 Servo Motor

아두이노를 활용한 재미있는 코딩 수업

6 아두이노 Servo Motor

1 Micro Servo motor

이번에는 각도를 제어할 수 있으며 움직이지 않고 있을 때의 힘이 좋아 로봇 제어 등에 많이 사용되는 마이크로 서보모터(서보모터) 제어에 대해서 실습한다.

서보모터는 일반 모터와는 다르게 회전이 정해져 있기 때문에 정확한 움직임이 필요한 경우에 많이 사용되며, 서보모터의 서보는 '사용자의 명령에 따른다'는 말의 서보에서 따온 말이다.

서보모터는 PWM 신호를 이용해서 각도를 조절하는데 PWM 신호를 조절하는 것은 상당히 난이도가 있는 작업이므로 라이브러리에서 servo.h 파일을 불러내어 실습을 진행한다.

1) 실습 내용

이번 실습에서는 아두이노 보드 1개, 브레드보드 1개, 7 segment 1개, 출력 부품인 SG90 서보모터 1개가 필요하다. 회로도와 핀 맵을 보고 아두이노 보드와 서보모터를 이용하여 실습 회로를 구성하는데 서보모터의 PWM은 아두이노 우노 7번에 연결하여 일정 주기로 들어오는 신호를 기준으로 각도를 조절한다.

프로그램이 업로드되면 서보모터가 0도부터 180도까지 자동으로 회전을 한다. 0도와 180도 위치로 이동 시 중간에 2초간의 지연 시간이 발생한다.

2) 아두이노와 부품 연결

아두이노 보드	부품	비고
GND	서보모터 GND	갈색
디지털 7번 핀	서보모터 신호	오렌지색
5V	VCC	적색

[표 6-1] 부품 연결

3) 실습 준비물

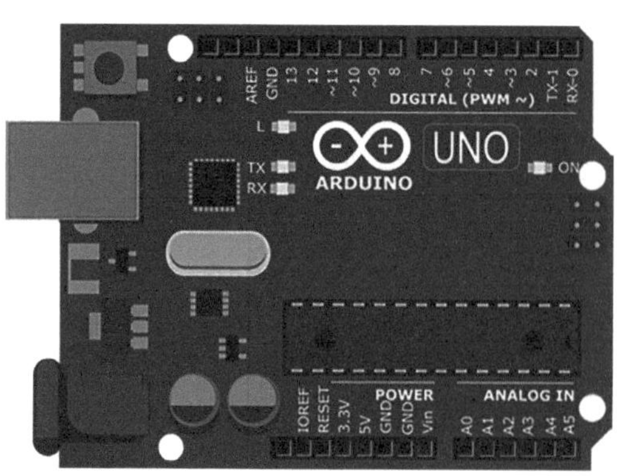

아두이노 우노

서보모터

4) 실제 구성 회로

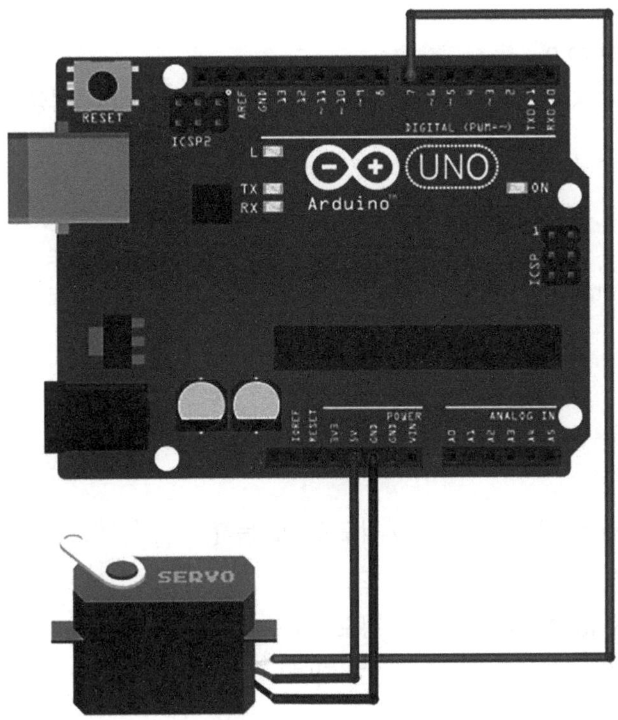

[그림 6-1] 회로 구성

5) 실습 코드

```
#include "Servo.h"
Servo myservo;                 // servo 객체 만들기(최대 8개 생성 가능)

void setup()
{
  myservo.attach(7);           // servo motor 연결핀 설정(D7번 핀)
}

void loop()
{
  myservo.write(0);            // 각도 0도로 동작
  delay(2000);                 // 2초 지연
  myservo.write(180);          // 각도 180도로 동작
  delay(2000);                 // 2초 지연
}
```

6) 응용 1

프로그램 업로드 후 7번 핀에 연결된 서보모터가 0도부터 180도까지(또는 180도~0도) 1도씩 천천히 움직이는 프로그램이다.

```
#include <Servo.h>

Servo myservo;          // servo 객체 만들기(최대 8개 생성 가능)

int posi = 0;           // servo motor 회전 각도(position) 변수 선언
```

```
void setup( )
{
  myservo.attach(7);            // servo motor 연결 핀 설정(D7번 핀)
}

void loop()
{
  for(posi = 0; posi < 180; posi += 1)  // 0도에서 180도까지 1도씩
                                        // 증가 방향으로 회전
  {
      myservo.write(posi);    // posi 변수의 각도만큼 회전(1도씩 증가)
      delay(100);        // 100ms 지연(시간 설정을 변화시키면
                         // 빨리 회전하거나 느리게 회전하는 것을 확인할 수 있음)
  }
  for(posi = 180; posi>=1; posi-=1)     // 180도에서 0도까지 1도씩
                                        // 감소 방향으로 회전
  {
      myservo.write(posi);    // posi 변수의 각도만큼 회전(1도씩 증가)
      delay(100);             // 100ms 지연
  }
}
```

7) 응용 2

프로그램 업로드 후 시리얼 모니터 창의 입력창에 "1"을 입력하면 서보모터는 30도씩 증가하며 회전을 한다.

```
#include <Servo.h>
Servo servo;
int value = 0;                    // value에 각도 값을 넣어 준다.

void setup() {                    // servo와 아두이노를 연결한다.
  servo.attach(7);                // 7번 핀과 연결
  Serial.begin(9600);
}

void loop() {
  if(Serial.available())          // 시리얼 모니터에 데이터가 들어오면
                                     아래와 같이 진행한다.
  {
      char in_data;
      in_data = Serial.read();    // 입력된 데이터를 in data에 넣어라.
      if(in_data == '1')          // data가 1이면
      {
        value += 30;              // 30씩 증가하라.
        if(value == 210)          // 만약 210이면
          value = 0;              // 0으로 바꿔라.
      }
      else
        value = 0;

      servo.write(value);
  }
}
```

8) 응용 3

프로그램 업로드 후 서보모터는 원점 0도에서 120도까지 회전 후 다시 원점으로 복귀한다. 원점으로 복귀 1초 후 다시 재기동을 반복한다.

```
#include <Servo.h>   // Servo라는 라이브러리를 사용하겠다는 뜻

Servo myservo;

void setup() {

  myservo. attach(7); // 서보모터를 연결한 디지털 핀 번호가 7번 핀이라고 설정

}

void loop() {
       for (int i=0; i<120; ++i)   // 0부터 120까지 1씩 증가한다

       { myservo.write(i);         // 서보모터의 각도를 ( i )도로 설정한다.

         delay(15);
       }
       myservo.write(0);           // 서보모터의 각도를  0도로 설정한다.
       delay(1000);

}
```

2 가변저항으로 정역 제어하기

1) 실습 내용

서보모터를 가변저항으로 제어하는 실습이며 가변저항값을 변화시키므로 연결된 아두이노 아날로그 입력(A0)으로 가변저항 신호가 입력되고 프로그램 동작으로 서보모터를 정회전과 역회전을 하는 실습이다.

2) 아두이노와 부품 연결

아두이노 보드	부품	비고
5V	마이크로서보 VCC	
D9	마이크로서보 DATA	
GND	마이크로서보 GND	
GND	가변저항 GND	
A0	가변 저항 신호	
5V	가변저항 3번	

[표 6-2] 부품 연결

3) 실습 준비물

아두이노 우노

서보모터

가변저항

브레드보드

4) 실습 회로도

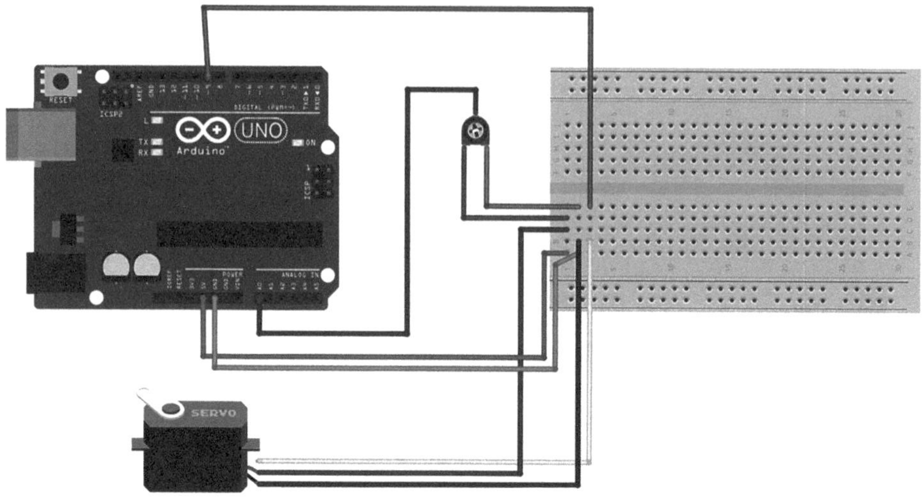

[그림 6-2] 회로 구성

5) 실습 코드

```
#include <Servo.h>
Servo microservo;
void setup() {
  microservo. attach(9); // 서보모터 신호를 D9에 연결한다.
}
void loop() {
  int val = analogRead(A0);
  int rad = map(val, 0, 1023, 0, 120);
      microservo.write(rad);
      delay(20);
  }
```

3 도리도리 동작 만들기

1) 실습 내용

서보모터 상단에 양면테이프를 사용해서 초음파 센서를 부착한다. 물체가 5cm 안에 있는 것을 초음파 센서가 감지하면 서보모터가 좌우로 움직인다. 따라서 마치 사람이 고개를 좌우로 도리도리 하는 듯한 동작을 하게 되며 I don't like you라고 생각할 경우 고개를 좌우로 돌리는 듯한 느낌을 주는 동작을 구현할 수 있다.

다시 말해서 초음파 센서가 물체가 5cm 이내 있다는 것을 감지하면 서보모터는 90도부터 -90도까지 움직인다. 초음파 센서를 사람의 머리라고 가정한다면 어떤 대상을 싫어한다는 것을 표현하며 서보모터의 동작이 마치 사람이 고개를 흔드는 것처럼 보이게 할 것이다.

2) 아두이노와 부품 연결

아두이노 보드	부품	비고
5V	초음파 센서 VCC	
GND	GND	
D12	Trig	
D11	Echo	
5V	서보모터 VCC	
GND	GND	
D9	신호	

[표 6-3] 부품 연결

3) 실습 준비물

아두이노 우노

서보모터

초음파 센서

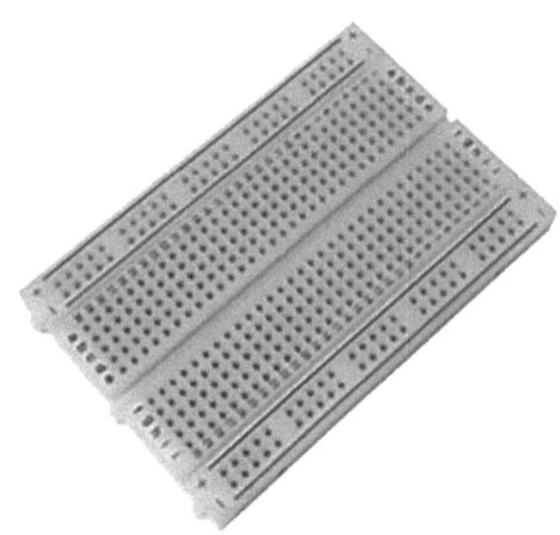

브레드보드

4) 실제 구성 회로

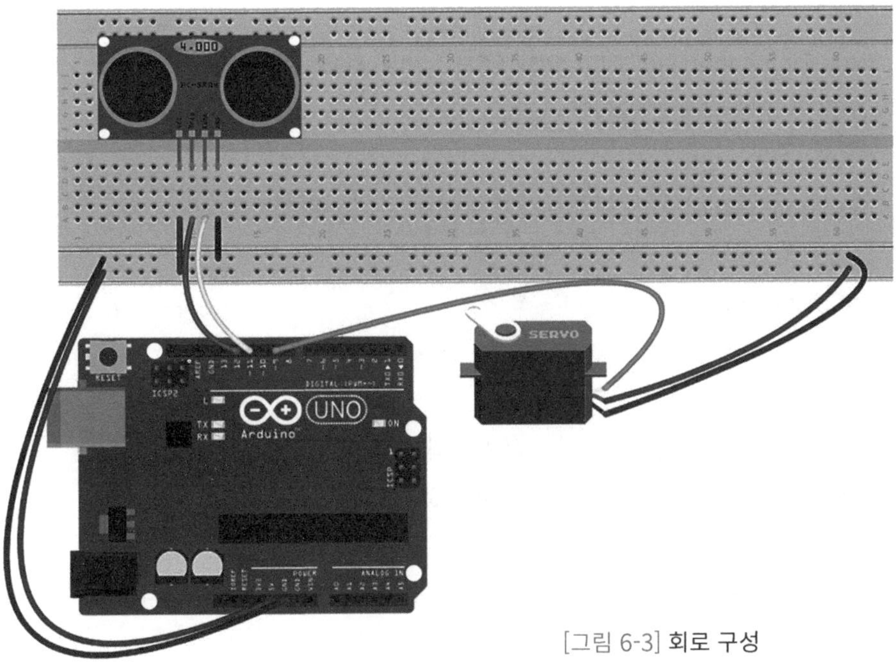

[그림 6-3] 회로 구성

5) 실습 코드

```
/*  도리도리 동작을 실행하자 */

#include <Servo.h>
#include <NewPing.h>
#define TRIGGER_PIN  12
// Arduino 핀은 초음파 센서의 트리거 핀에 연결되어 있다.

#define ECHO_PIN     11
// Arduino 핀은 초음파 센서의 에코 핀에 연결되어 있다.
```

```
#define MAX_DISTANCE 200
// ping하려는 최대 거리 (cm) 최대 센서 //거리는 400-500cm이다.

NewPing sonar(TRIGGER_PIN, ECHO_PIN, MAX_DISTANCE);
// 핀 및 최대 거리의 NewPing 설정

Servo myservo;//서보를 제어하기 위해 서보 대상을 생성한다.

int distance;

void setup() {
  myservo.attach(9);            // 서보의 신호선을 D9번 핀 부착
  myservo.write(0);             // 다시 0으로 돌아간다.
  delay(1000);                  // 1초 지연 시간
  Serial.begin(9600);           // 115,200 통신 속도로 시리얼 모니터를 설정

}

void loop() {

  delay(500); //

  unsigned int uS = sonar.ping();
/* ping을 보내고 ping 시간을 마이크로 초 (uS)로 가져온다 */

  Serial.print("Ping: ");

  Serial.print(uS / US_ROUNDTRIP_CM);
// ping 시간을 거리로 변환하고 결과를 프린트한다. (0 = 설정 거리 범위 밖,
// ping 에코 없음)
```

```
  Serial.println("cm");
      distance = uS / US_ROUNDTRIP_CM;
  delay(500);
  // 서보모터는 거리가 5cm이하일 때 동작한다.
  if (distance < 5 && distance != 0) {
      Serial.println("distance : ");
      Serial.println(distance);
      myservo.write(90);              // +90도 움직인다.
      delay(500);
      myservo.write(-90);             // -90도 동작
      delay(500);
  }
}
```

PART

7

아두이노와 블루투스 통신

7 아두이노와 블루투스 통신

1 모바일 블루투스로 LED 제어하기

이번 실습에서는 블루투스 기능이 있는 모바일 기기를 이용하여 설치한 블루투스 앱과 연동하여 아두이노 보드에 연결된 LED를 제어하는 실습을 하도록 한다.

먼저 블루투스 통신은 1994년 에릭슨이 최초로 개발한 개인 근거리 무선통신을 위한 산업 표준(시리얼 통신)이다.

블루투스는 여러 가지 다양한 기기들이 안전하고도 저렴한 비용으로 전 세계적으로 이용할 수 있는 무선 주파수를 이용해 서로 간에 통신을 할 수 있게 해주는 통신 방식이다.

따라서 아두이노 보드에 블루투스 모듈을 추가하면 시리얼 통신을 이용하여 데이터 값을 받거나 보낼 수 있다. 블루투스는 일반적으로 약 10미터 정도까지 무선으로 데이터를 보내거나 받을 수 있다. 따라서 이러한 기능을 사용하면 릴레이, 모터, 램프 등의 무선 제어가 가능해지므로 원격에서 기기들을 편리하게 제어하는 것이 가능하게 된다.

예를 들어 블루투스 기능이 있는 스마트폰, 노트북 등으로 아두이노 보드에 연결된 블루투스 모듈로 신호를 보내게 한다면 편안하게 침대에 누워서도 집 안의 전등 등을 무선으로 켜거나 끌 수 있게 할 수 있는 것이다.

단 통신 거리 가능 거리가 10미터 정도라는 제한이 있으므로 10미터 이상 멀리 떨어지면 블루투스 모듈과의 통신 연결이 끊겨 작동이 되지 않을 수 있으므로 통신 거리에 따르는 제어 가능 여부를 반드시 확인해 봐야 한다.

1) 실습 내용

실습에서 사용하는 HC-06 블루투스 모듈은 아두이노에서 시리얼 통신을 이용해서 통신을 할 수 있는 모듈이다. 블루투스 모듈은 4개의 핀이 있는 RXD, TXD, GND, VCC 핀을 가지고 있다. 주의할 점은 만약 프로그램 업 로딩 시 블루투스 모듈이 아두이노의 0번과 1번으로 연결되어 있으면 업 로딩이 되지 않을 경우가 있다.

이런 경우 블루투스 모듈의 VCC를 제거해서 블루투스 모듈의 전원 공급을 차단하고 업로딩하면 된다. 물론 업로딩 완료 후 다시 VCC를 연결하고 블루투스 통신을 다시 연결한다.

블루투스 앱은 플레이스토어에서 BLUETOOTH CONTROLLER 등를 받아서 설치한다. 설치된 앱의 버튼 등의 설정에서 버튼 등의 이름과 데이터 설정을 별도로 지정해야 한다.

블루투스 모듈의 전원 연결 시 3.3V 연결이 가능한지 혹은 5V을 연결해야 하는지 모델마다 다르므로 확인하고 연결해야 한다. 만약 아이폰을 사용할 경우 블루투스 통신에는 제약이 따르며 HM-10 모듈을 사용하면 제한적이지만 블루투스 통신을 할 수 있다.

2) 아두이노와 부품 연결

아두이노 보드	부품	비고
D2	LED R +	
D3	LED G +	
D4	LED B +	
D0	블루투스 모듈 TXD	
D1	RXD	
5V	VCC	
GND	GND	

[표 7-1] 부품 연결

3) 실습 준비물

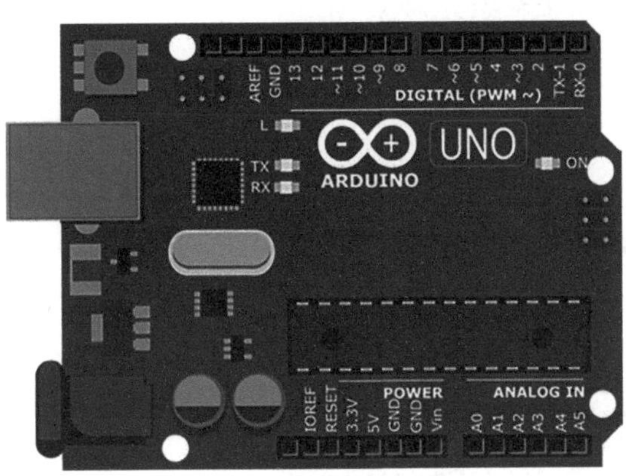

아두이노 우노

블루투스 모듈 HC-06

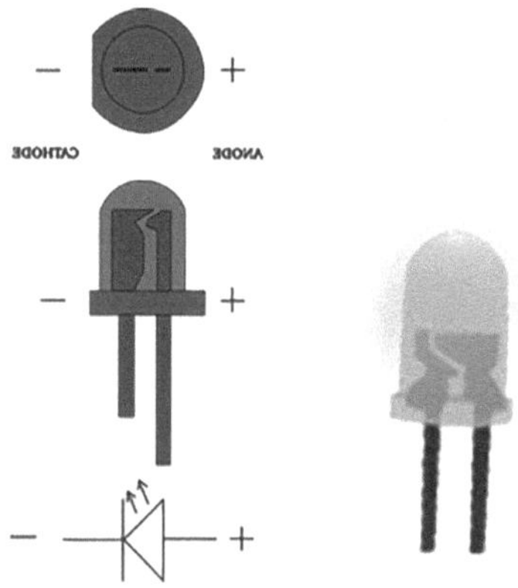

LED

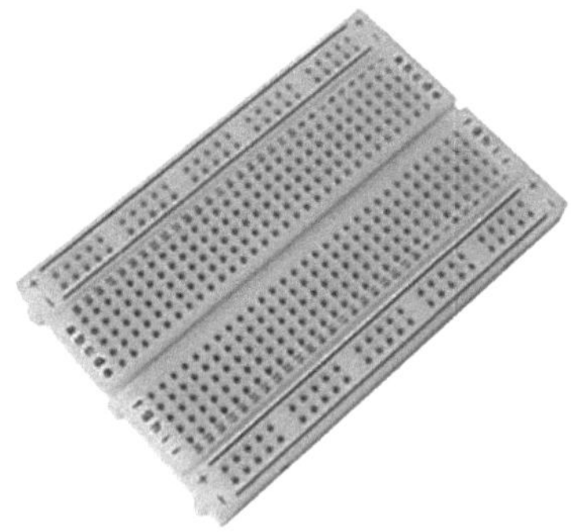

브레드보드

4) 하드웨어와 회로도

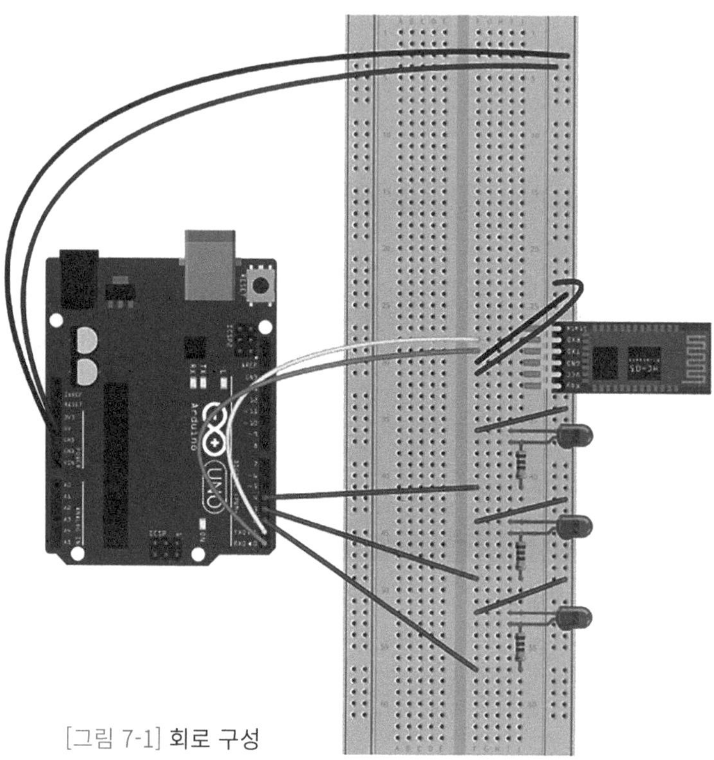

[그림 7-1] 회로 구성

5) 실습 코드

```
int LED_R = 2;                      // RED LED 연결
int LED_G = 3;                      // GREEN LED 연결
int LED_B = 4;                      // BLUE LED  연결
char command;
void setup() {                      // 초기화
  pinMode(LED_R, OUTPUT);           // RED LED 출력 설정
  pinMode(LED_G, OUTPUT);           // GREEN LED 출력 설정
  pinMode(LED_B, OUTPUT);           // BLUE LED 출력 설정
  Serial.begin(9600);               // 블루투스 전송 속도 9600 bps 설정
}
void ON()                           // LED ON   지령
  {
  digitalWrite(LED_R, HIGH);        // LED_R   ON
  digitalWrite(LED_G, HIGH);        // LED_G   ON
  digitalWrite(LED_B, HIGH);        // LED_B   ON
  }
void OFF()                          // LED OFF 지령
  {
  digitalWrite(LED_R, LOW);         // LED_R   OFF
  digitalWrite(LED_G, LOW);         // LED_R   OFF
  digitalWrite(LED_B, LOW);         // LED_R   OFF
  }

void loop() {
  if(Serial.available() > 0) {
      // 블루투스 수신 시 "0"이 아닌 다른 숫자 혹은 문자를
  command = Serial.read();          // 수신하면 command로 정보를 입력
      switch(command) {             // command로 들어온 문자가
```

```
        case 'F':                          // F 이면 void ON  실행
          ON();
        break;
        case 'B':                          // B 이면 void OFF 실행
          OFF();
          break;
        }
    }
}
```

6) 블루투스 앱 설치

[그림 7-2] 블루투스 앱

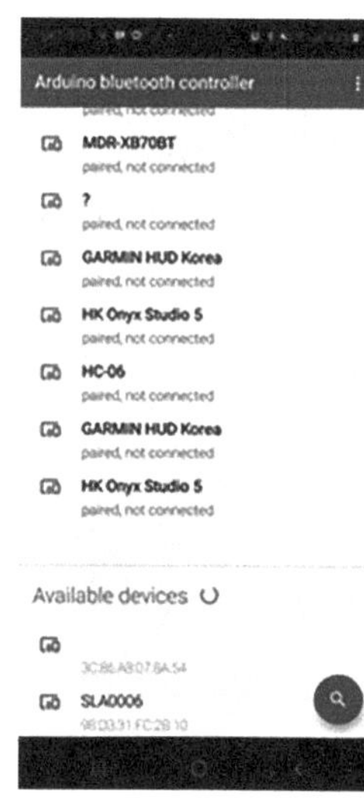

[그림 7-3] 블루투스 설정

가. 플레이스토어에서 블루투스 앱 중에서 안드로이드 블루투스 컨트롤러 등을 검색 후 핸드폰에 설치한다.

나. 핸드폰에서 블루투스 모듈을 검색하고 등록을 한다.

다. 안드로이드 블루투스 컨트롤러를 실행하고 HC-06을 선택한다. 여러 명이 동시에 설정할 때는 혼란이 생기므로 주의한다.

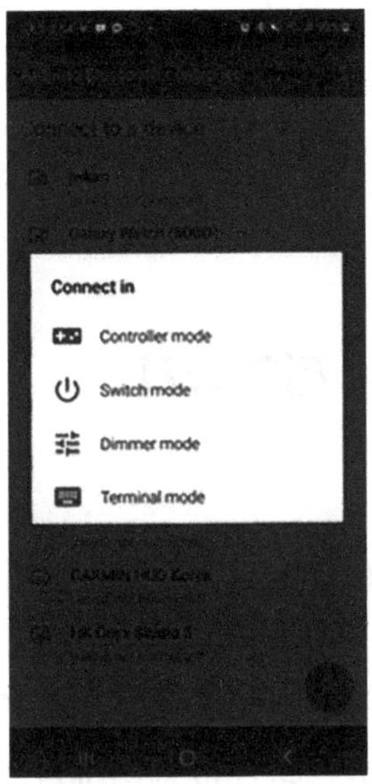

[그림 7-4] 연결 방법 선택

[그림 7-5] 스위치

라. Connect in 메뉴 중에서 Switch mode를 선택한다.

마. 스위치 모드 설정 창이 나타나면 우측 위의 설정을 누른다.

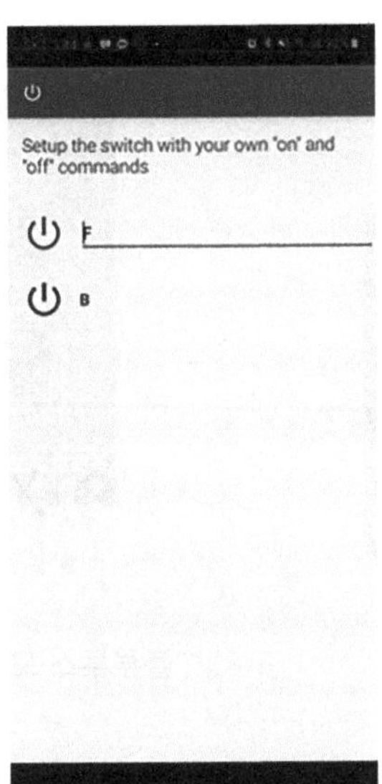

[그림 7-6] 스위치 설정

[그림 7-7] 스위치 동작

바. 스위치에 ON, OFF 명령을 설정하라는 메뉴가 나타나면 각각 F(LED ON 명령)와 B(LED OFF 명령)를 설정한다.

사. 설정이 끝나면 하단의 복귀를 선택한다.

아. 나타난 스위치 표시를 누르면 아두이노에 연결된 LED가 ON 되는 것을 확인할 수 있다.

2 LED와 Micro Servo motor 제어하기

1) 실습 내용

이번에는 모바일 기기의 블루투스 앱을 이용하여 LED와 서보모터를 동시에 제어하는 실습을 한다. 방금 전 실습한 블루투스로 LED 제어하기 연결 배선에서 SG90 서보모터의 배선을 추가하고 프로그램 코딩 후 업로드한다.

2) 실습 준비물

아두이노 우노

블루투스 모듈 HC-06

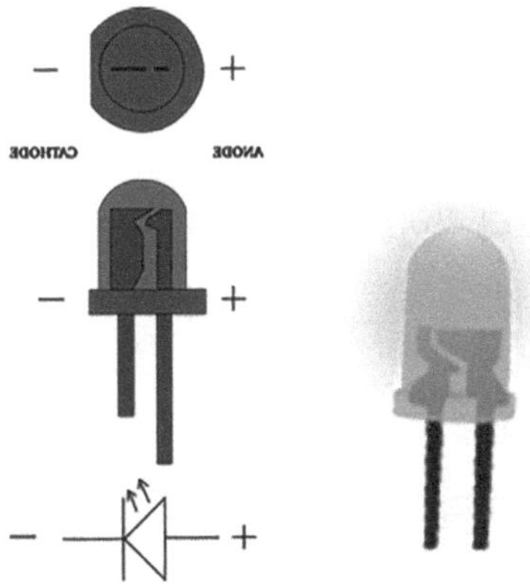

LED

서보모터

3) 실제 구성 회로

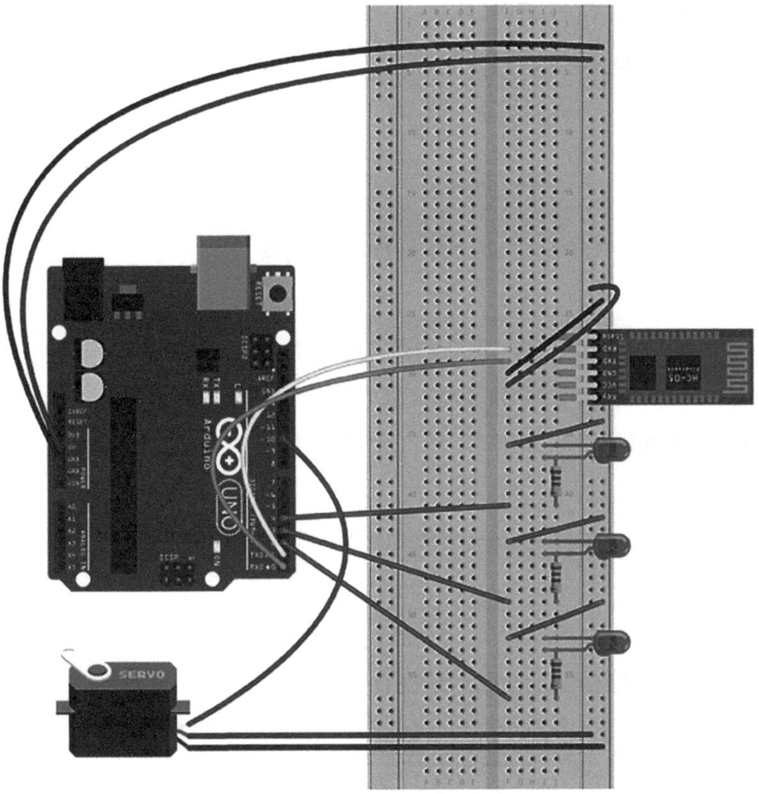

[그림 7-8] 회로 구성

4) 실습 코드

```
#include<Servo.h>              // SG90 서보모터 라이브러리 해더 파일 선언
Servo myservo;                 // Servo 객체 선언

int LED_R = 2;                 // RED LED 연결
int LED_G = 3;                 // GREEN LED 연결
int LED_B = 4;                 // BLUE LED 연결
char command;

void setup(){                  // 초기화
  myservo.attach(10);    // SG90 서보 모터 핀 (10번) 선언 및 출력 포트로 설정
  pinMode(LED_R, OUTPUT);           // RED LED 출력 설정
  pinMode(LED_G, OUTPUT);           // GREEN LED 출력 설정
  pinMode(LED_B, OUTPUT);           // BLUE LED 출력 설정

  Serial.begin(9600);          // 블루투스 전송 속도 9600 bps 설정
}
void ON()                      // LED ON   지령
{
  digitalWrite(LED_R,HIGH);  // LED_R   ON
  digitalWrite(LED_G,HIGH);  // LED_G   ON
  digitalWrite(LED_B,HIGH);  // LED_B   ON
}
void OFF()                     // LED OFF 지령
{
  digitalWrite(LED_R,LOW);   // LED_R   OFF
  digitalWrite(LED_G,LOW);   // LED_R   OFF
  digitalWrite(LED_B,LOW);   // LED_R   OFF
}
```

```
void CW()                          // SG90 서보 0도 회전 지령
{
  myservo.write(0);
 }
void CCW()                         // SG90 서보 180도 회전 지령
{
  myservo.write(180);
 }
void loop(){
  if(Serial.available() > 0){  // 블루투스 수신 시 "0"이 아닌 다른 숫자 혹은 문자를
  command = Serial.read();   // 수신하면 command로 정보를 입력
      switch(command){       // command로 들어온 문자가
      case 'F':              // F이면 void ON 실행
          ON();
        break;
      case 'B':              // B이면 void OFF 실행
          OFF();
        break;

      case 'C':              // C이면 CW 0도 실행
          CW();
        break;

      case 'W':              // W이면 CCW 180도 실행
          CCW();
        break;

      }
  }
}
```

3 블루투스 모듈 설정하기

HC-06 혹은 05 블루투스 모듈의 핀은 4개이다. 총 4개의 핀이 있으며 상대방 기기에서 신호를 받기 위한 RX, 상대방으로 신호를 전송하기 위한 TX, 그리고 GND(Ground)와 VCC가 있다.

블루투스 모듈의 전원은 3.6V~6V 사이에서 동작하므로 VCC 핀은 아두이노의 5V 단자에 연결하면 된다. 하지만 블루투스 모듈에 따라 3.3V에서 동작하는 모듈도 있으므로 규격을 반드시 확인한 후 전원을 연결해야 부품의 파손을 막을 수 있다. 만약 3.3V용 블루투스 모듈을 아두이노의 5V로 연결하면 모듈이 고장이 날 수 있으므로 반드시 주의를 해야 한다.

1) 모듈 연결

아두이노와 블루투스 모듈을 처음 연결하면 블루투스 모듈의 붉은색 LED가 빠르게 ON/OFF 한다. (어떤 기기와도 블루투스 페어링 되지 않음 표시이다) 그러나 스마트폰이나 노트북 등과 블루투스 페어링이 되면 블루투스 모듈의 LED는 빠르게 깜빡이지 않고 계속 켜져 있는 상태가 된다.

아두이노 보드와 블루투스 모듈 간의 연결은 다음과 같이 연결한다.

RXD ---------------------- D3

TXD ---------------------- D2

GND --------------------- GND

VCC --------------------- 5V

필수 사항은 아니지만 사용하는 블루투스 모듈의 이름과 페어링 암호(PIN)를 바꿔 주는 것이 좋다. 모든 블루투스 모듈의 초기 모듈 이름은 'HC-06' 혹은 'HC-05' 이고 초기 페어링용 PIN 번호는 '1234' 혹은 '0000' 이다. 따라서 여러 사람과 동시에 사용할 경우 누구의 블루투스 모듈인지 혼란이 발생할 수 있다.

2) 이름과 비번 변경

이제부터 블루투스 모듈의 이름을 'Arduino 1'로 변경하고 비밀번호를 '4321'로 변경한다.

블루투스 모듈(HC-06) 바꾸는 방법은 아래 소스와 같다. 블루투스 모듈(HC-05)의 설정은 약간 다르므로 주의해야 한다.

가. 블루투스 모듈(HC-06) 이름과 PIN 비밀번호 변경 코드

```
#include <SoftwareSerial.h>  //시리얼 통신 라이브러리 호출
int blueTx=2;                // Tx (신호를 보내는 핀 설정)
int blueRx=3;                // Rx (신호를 받는 핀 설정)
SoftwareSerial mySerial(blueTx, blueRx);      // 시리얼 통신을 위한 객체 선언
  void setup()
{
  Serial.begin(9600);        // 시리얼 모니터
  mySerial.begin(9600);      // 블루투스 시리얼 시작
}
void loop()
{
  if (mySerial.available()) {
      Serial.write(mySerial.read()); // 블루투스측 내용을 시리얼 모니터에 출력
  }
  if (Serial.available()) {
      mySerial.write(Serial.read()); // 시리얼 모니터 내용을 블루투스 측에 WRIT
  }
}
```

나. 위의 소스 코드를 입력하고 아두이노 보드에 업로드한 후 아두이노 IDE의 시리얼 모니터를 연다.

다. 시리얼 모니터 창이 나타나면 시리얼 모니터 입력 창에 'AT' 라고 입력하고 전송 버튼을 누른다. 블루투스 모듈이 정상적으로 연결되고 동작이 된다면 'OK' 라는 응답이 나타난다. 블루투스 모듈과의 통신이 정상적으로 되었다는 의미이다.

라. AT를 입력하여 OK 응답을 받았으면 이제 블루투스 모듈의 이름을 변경하기 위하여 입력 창에 'AT+NAME 원하는 이름' 을 입력하고 전송 버튼을 클릭하면 'OKsetname' 라는 메시지를 블루투스 측에서 응답한다. 이름이 정상적으로 변경이 되었다는 응답 신호이다.

마. 블루투스 페어링 암호인 PIN의 변경을 하기 위해서 시리얼 모니터 입력 창에 'AT+PIN 원하는 숫자' 를 입력하고 전송 버튼을 클릭하면 'OKsetPIN' 이라는 메시지와 함께 PIN이 정상적으로 변경되었음을 알려준다. 이제 스마트폰, 노트북 등에서 블루투스 모듈의 이름이 HC-06이 아니라 자신이 설정한 이름과 PIN 번호로 블루투스 모듈과의 페어링이 이루어지게 되는 것이다.

참고문헌

광문각, 창의 설계 코딩, 2018
광문각, 예제로 배우는 아두이노 제어실습, 2020
길벗, 모두의 아두이노, 2016
복두출판사, 스마트폰 블루투스 이더넷 WIFI 그리고 아두이노, 2017
복두출판사, 아두이노 완전 정복, 2016
제이펍, 사물인터넷을 품은 라즈베리파이, 2017
한국폴리텍대학, 사물인터넷 적용기술 개론, 2017
한빛 아카데미, 기초부터 시작하는 PLC, 2021
한빛 아카데미, 따라하면서 배우는 아두이노, 2016

아두이노를 활용한 재미있는 코딩 수업

2021년 2월 25일 1판 1쇄 인 쇄
2021년 3월 5일 1판 1쇄 발 행

지 은 이 : 김진우, 이승훈, 김준영, 임일선
펴 낸 이 : 박정태

펴 낸 곳 : 광 문 각

10881
경기도 파주시 파주출판문화도시 광인사길 161
광문각 B/D 4층
등 록 : 1991. 5. 31 제12 - 484호
전 화(代) : 031-955-8787
팩 스 : 031-955-3730
E - mail : kwangmk7@hanmail.net
홈페이지 : www.kwangmoonkag.co.kr

ISBN : 978-89-7093-487-7 93560

값 : 20,000원

※ 교재와 관련된 자료는 광문각 홈페이지(www.kwangmoonkag.co.kr) 자료실에서 다운로드 할 수 있습니다.